J.C.オカザワの
銀座を食べる
銀座の名店二百選
晶文社出版

きよ田

さばかれているのは佐渡の定置網で捕獲された100kg ほどの本まぐろ。青森の大間ばかりが注目されているが、市場でまぐろを扱うプロたちも最高級と認めるほどのもの。5月半ばから7月いっぱいまでの夏まぐろで、つゆまぐろの異名をとる。
ほどよい酸味と爽やかな香りは塩と赤酢だけで整えられた酢めしとつかの間戯れて、忘れえぬ余韻を残してゆく。(28頁)

寿司処 加納

にぎりは右から順に、星がれい・小肌・赤貝・やりいか・まぐろとろ。日本各地より築地に参集した、いずれ劣らぬ役者が揃う。（27頁）

夏場の白身の王者、星がれいの昆布〆め。あしらった木ノ芽の緑が清涼感を際立たせる。キリリと引き締まった冷酒とともに味わいたい。

ひょうたん屋

江戸前同様に背を開かれても、そのあとは蒸しを省かれ、一気呵成に焼き上げられるうなぎ。蒲焼きは焼き魚であった。あらためて実感させる身肉の弾力が歯に舌に快い。（73頁）

並（ランチタイムのみ）から特上まで4種類のうな重は1200円～2200円。写真は中で1500円。

本店浜作

板前さんの立ち働く調理場はオープンキッチンのさきがけ。昭和の初めから、すでにこの姿。（91頁）

白身魚の煮おろしはこの店の看板料理。見映えはかれいに一歩譲るが、味は断然このおこぜ。

江戸源

〆めさばとひげ鱈の昆布〆めには本わさびと穂じそが寄り添って、至福の酒の友。（77頁）

庶民的な食べものながら風格すら漂うおでんの盛合わせ。タネはそれぞれ150円と人情味あふれる価格設定がうれしい。

レトロなファサード、店内に流れるＢＧＭも懐メロ以外は聴かれない。（142頁）

冷しそば（980円）は甘酢醤油だれの正統派。彩りよい具材の盛りつけは戦後のスタイルだが、たれは戦前からの伝統の調法。鶏肉に胡麻だれは夏期限定版。

近所のサラリーマンで賑わう昼どき以外は、ゆったりとした時間が流れる店内。（179頁）

名物の豚足そば（750円）。スッキリした醤油ラーメンに1本丸ごと浮かぶ豚足はコラーゲンに満ちて、お肌の曲がり角を迎えたＯＬさんに最適。

J・C・オカザワの銀座を食べる

本書の使い方

本書は銀座のすぐれた料理店を２００軒選出し、「名店二百選」として紹介するとともに、それぞれを評価したものです。食事がとれる店だけを対象とし、甘味処や喫茶店でもお茶漬・トースト・サンドイッチなどそれなりの食事を提供するところはカバーする一方、おしるこ・和菓子・洋菓子にとどまる店は除外しました。「名店二百選」のほかに、「二百選にもれた有名店」、「二百選にあと一歩の優良店」、そして使い方によっては思わぬ魅力を発揮する「こんなときにはこの一軒」のコラムを設けました。

●対象とした地域は4辺をキレイに首都高速で囲まれた、銀座1丁目から8丁目のみとしました。（綴じ込み地図参照）

●東京都内・近郊に本店のある店の銀座支店、そして支店展開があまりに激しい店はあらかじめ対象外としてあります。ただし銀座支店が本店を凌駕するほどに優れている場合はその限りではありません。本店が北海道や九州、あるいは国外にある店もカバーしました。すしの「寿司政」（九段下）、うなぎの「宮川本店」（築地）、焼き鳥の「伊勢廣」（京橋）、もつ焼きの「ささもと」（新宿）、牛タンの「たんや又兵衛」（六本木）、イタリアンの「グラナータ」（赤坂）と「イル・ビアンコ」（六本木）、中国料理の「海皇」（赤坂）と「天厨菜館」（渋谷）、お好み焼きの「どれ味」

（人形町）などを前記の理由で除外しました。

●料理のジャンルは下記の順に並んでいます。

①すし　②天ぷら
③そば　④うなぎ
⑤鍋・おでん　⑥とり・牛肉・くじら
⑦和食・食堂　⑧洋食・とんかつ・串揚げ
⑨酒亭・居酒屋　⑩ビアホール・ワインバー
⑪ラーメン　⑫フランス料理
⑬イタリア料理　⑭中国料理
⑮韓国料理　⑯エスニック・無国籍料理
⑰カフェ・軽食・喫茶

●記号の説明は下記の通りです。

★　とてもおいしい料理を供するお店
★★　もはや最高の料理を供するお店

（ハート）　心あたたまるサービスと快適な居心地を兼ね備えたお店

（柳）　コスト・パフォーマンスが高く、銀座の食文化にも貢献しているお店

（時計台）　クラシック、モダンを問わず、銀座のエレガントな雰囲気を醸し出すお店

●各店の住所、電話番号、休業日を明記しましたが、営業時間は変更されることが多いために省略してあります。ただし昼のみ、あるいは夜のみの営業の場合はその旨を記しました。営業方針の変更などにより、休業日も変わることがあるので、電話予約をおすすめします。

●価格の表記は、基本的に外税です。なかには、税込みもありますので、ご確認ください。

銀座を食べる　目次

名店二百選

銀座を食べる 銀座 目次

二百選にあと一歩の優良店

二百選にもれた有名店

こんなときには　この一軒

＊本書は、著者が２００３年７月から２００４年４月にかけて訪れた結果をもとに執筆したものです。また、値段やメニューなどのデータは２００４年５月現在のものです。変動ある場合もありますので、ご注意ください。

〈扉イラスト〉花岡道子
〈章扉イラスト〉野元　愛
〈写真撮影〉天方晴子・彼谷敏旦（本店浜作）
〈綴じ込み地図制作〉オゾン

まえがき

恋の丸ビル、粋な浅草を経て「食べる」シリーズも華の銀座にたどり着いた。

東京人の、いや日本人のイチバン好きな街は銀座だろう。なにせ日本全国に銀座と名の付く商店街が４５０箇所もあるというのだからオドロく。日本中が憧れるのも道理で、銀座に漂うエレガンスはこの街だけのモノなのだ。とりわけ灯ともし頃の銀座は本当に美しい。京橋から新橋まで、北から南に銀座通りを歩んでゆくと、もうそれだけで胸がときめいてしまう。その美しさたるや、パリのシャンゼリゼと並んでこの惑星の双璧と豪語しても、文句を言うのはアメリカ人くらいのものだろう。

銀座でアソぶようになったのは中学生になってから。東京オリンピックの翌年あたりのことだ。銀座で初めて観た映画はアラン・ドロンの『太陽がいっぱい』。封切りから5年後のリバイバル・ロードショーで日比谷スカラ座だった。
初めてのショーは日劇の「いしだあゆみショー」。デビュー間もない頃の彼女はセシル・カットがとても可愛いボーイッシュな少女だった。「ブルーライト・ヨコハマ」の大ヒットでブレークする数年前のことである。

さて、お待ちかね、銀座のレストラン・デビューは今は無き「コックドール」。松本清張の『点と線』にも登場した伝説の名店だ。男子学生ばかりが団体で押し掛けて、オーダーしたのは最も安いポーク・カトレットとライス。中に1人だけ豚肉嫌いがサーモン・ステーキを注文。ところが当人ステーキと言えば、ハナから牛肉のことしか頭にない。手グスネならぬナイフ・フォークを握り締めてイレ込むところへ焦んがり焼けたしゃけが登場。ハタから見ても可哀想なほどにショゲ返る級友をみんなで慰めながら、「知ったかぶりは災いの元」――また一つ社会勉強を重ねた少年たちではありました。なお、この店は「バー・ビストロ・コックドール」として生まれ変わり、銀座インズの2階で営業していたが、この3

月で閉店した。同1階のカフェ、丸の内線銀座駅改札そばのカレー・スタンド、中山競馬場のレストランなど、結局は外食産業チェーン展開の道をひた走る。これを愚かとは言わぬ。しかしあの頃の銀座を代表した香り立つエレガンスは完全に過去のものとなった。

ＪＵＮやＶＡＮのペーパー・バッグを小脇に抱え、みゆき通りを颯爽？と歩いたあの頃が懐かしい。自分を磨いてくれた（そのワリには輝いていませんが）街・銀座に恩返しのつもりで選びに選んだ「銀座の名店二百選」、心ゆくまでお楽しみください。

２００４年６月　Ｊ・Ｃ・オカザワ

【追記】

再び版を重ねることができたのですが、本書が世に出てほぼ丸3年の間に、数件の店が閉店、あるいは料飲部門の営業を停止しています。生き馬の目を抜く銀座とはいえ、あまりにもはかない栄枯盛衰に、ただただ驚くばかりです。

２００７年６月　Ｊ・Ｃ・オカザワ

銀座

名店二百選

【名店二百選】

すし

日本人がイチバン好きな食べものは間違いなくすしだろう。銀座はそのすしの宝庫である。おびただしい数のすし店がひしめいていて、水準も極めて高い。もちろん大衆的なチェーン店はその限りでないが、変哲もない雑居ビルの階上や地下に意外な名店がひそんでいたりもする。そんな店を宝探しよろしく探り当てたときの歓びは格別だ。

東京のすし職人の多くはいつの日か銀座にのれんを掲げることを夢見ながら、日々研鑽に努めているハズである。イチローやダブル松井がＭＬＢ、そして中田がセリエＡを目指したように、すし職人は銀座を目指す。

二葉鮨

（ふたばずし）

銀座4-10-13
03-3541-5344
日祝休

男は背中を見せてする

銀座で1軒すし屋を選ぶなら、誰が何と言おうと絶対にここ。この店が銀座で最も旨いとは言わない。しかし、刺身を肴に酒を飲み、すしをつまんで茶で締めるのに、これ以上の舞台はない。親方が変わればすしも変わる。だがこのしつらいは取り壊されさえしなければ永遠のものだ。この空間に身を置くシアワセをかみしめながら味わいたい。

先々代は歌舞伎の舞台空間をイメージしたようだが、歌舞伎につきまとう必然的な虚飾は微塵もなく、店内に漂うリアリティはむしろオペラのステージを偲ばせる。断崖に生息したため湾曲した檜の一枚板と黒塗りのつけ台、三和土《たたき》の床に船底天井、小用に立てば、男は背中を見せねばならず、かつお1匹丸ごと収まりそうな手洗い場。もう、何もかもが！なのである。

つまみは、しゃこ・ふっこ・石垣貝・赤貝・＊しま海老・さんまのたたき・まぐろ中とろ。横向きに立てた2切れのまぐろにわさびをチョコンと乗せるのはこの店のお家芸、まるでお灸のモグサだ。にぎりは、まこがれい・＊新いか・小肌・＊しまあじ・＊〆めさば・生さんま・穴子・大とろ・玉子。＊印は特筆モノである。フワフワッとつかみどころのない酢めしが残念。じゅうぶんに飲んで1人1万5000円。数々の名すし職人を輩出していて、サッカーに例えるならば国見高校みたいなおすし屋さんだ。

寿し処 原だ
(すしどころはらだ)

★
銀座6-9-13　第一ポールスター
ビル2F　03-3575-4007
土日祝休　夜のみ営業

偶然見つけた旨い店

すずらん通りを新橋方面に向かってブラブラと歩き、交詢社通りを左折したときに、この店の看板を見つけた。ビルのちょいと高い位置に張出していたのが目に入ったのだから、こちらの目線も高かったのだろう。店名の漢字とかなの使い方がユニークだったので、記憶にとどめる。店構えだけでも拝見しようにも、土曜の昼下がりとあっては開けてはいまい。「104」で番号を調べておいて、数週間後に電話を入れた。まず間違いはあるまいと思ったものの、念のためにわさびの真贋を確認してから、翌々週の予約を入れる。

基本的におまかせ一本。予算は1人約2万円。出された順に紹介すると、天豆・＊たら白子ポン酢・真鯛に塩こぶ・さよりの貝割れ和え・＊たら白子塩焼き・小肌・＊ほうぼう煎り酒びたし・かわはぎ肝和え・真鯛かぶと煮・さよりと真鯛の皮焼き・しまあじ・丸干し・梅わさびおろし・＊子持ち昆布・赤貝肝煮・小柱みぞれ和え・べったら・あわびの歯の塩辛は珍品にして珍味。これよりにぎり。やりいか・赤貝・＊さば・煮はま・穴子・大とろづけ。＊印が傑作。若作りだが不惑を越えたと思われる親方の挑戦的なシゴトは評価したい。客は常連さんばかり。予約を入れたとはいえ、飛び込み客は「春の椿事」であったろう。おジャマ様でした。

寿司処 加納

（すしどころ かのう）

★★♥⏰
銀座5-4-15　エフローレビル4F
03-3571-6081
土日祝休　夜のみ営業

度肝を抜かれた活かわはぎ

ソニービルの真裏。このビルには何度か訪れている。2階の馬肉専門店「銀座こじま屋」、恵比寿に本店のある地下のバー「ODIN」。そのたびにこの店の名前を目にするワケで、ちょっと気になる存在ではあった。旭川から銀座5丁目に移転してきた「すし久」のカウンターでたまたま言葉を交わした紳士にすすめられ、その5日後に伺った。

11月半ばの月曜の夜。早めに出向いたせいか、客はわれわれ2人のみ。ひらめとそのえんがわでスタートする。シコシコの食感に繊細な甘み、えんがわも脂が乗っているのにしつこさがない。かわはぎがあると言うのでお願いすると、奥から若い衆がピチピチ跳ね回るのを抱えてきた。すかさず親方が握った出刃でスパッと活けジメにする。これを肝醤油でやるのだから、もうたまりません。以下いろいろといただいたが、二ツ星に匹敵するスグレモノのみ列挙する。やりいかエンペラのそうめん、サッと〆めた真あじ、このわたと合わせた生からすみ、有馬煮風活いわしの煮付け、数の子西京漬。呑んべえにはたまらないラインナップだ。にぎりでは、小肌・かわはぎ・青柳・赤貝・穴子。皮目をカリッと仕上げた穴子はインパクトの強い煮つめとピッタンコ、嵩《かさ》にかかって攻めてくる。まだウラを返していないが、この本の原稿がアップして一息ついたらアイ・シャル・リターン！

きよ田
（きよた）

★★♥⏰
銀座6-3-15
03-3572-4854
日祝休

酢めしはまぐろのためにある

先代の引退とともに閉店したが、「新きよ田」としてすぐにリオープン。後継者として白羽の矢を立てられたのは千葉県柏の「福鮨」の親方K村さん。名店としての名声復活が成就し、晴れて屋号を「きよ田」に戻す。

「新きよ田」時代の2001年6月に初めて彼のすしを味わった。キングサイズの生とり貝の旨さに驚嘆。見掛けによらず繊細な磯の香りを楽しむ。蒸しあわびも東京では六本木の「兼定」と一、二を争うほどの出来映えだ。にぎりでは1カンに4尾も使う超ミニサイズの新子、酢加減・塩加減ともに文句なしの小肌、ショッキング・オレンジも鮮やかな赤貝、独特の焼き入れが香ばしい穴子。「きよ田」といえば真っ先にまぐろなのだが、以上がその夜の四天王。旨かったが高かった。1人3万5000円は、ご覚悟。

04年3月。蒸しとこぶし・天然しまあじ・上りがつお・本みる貝・天然活大車海老に圧倒される。そして今夜の主役は玄界灘の壱岐で揚がった172kgの本まぐろ。にぎってよし、巻いてよし。まぐろとの相性をとことん追求された酢めしの一粒ひとつぶに、トロけたまぐろの身肉がまとわり戯れて、のどの奥へと消えてゆく。夜の銀座の「食の女王」、クラブ「L・J」のナンバー・ワン、M子嬢が絶賛してやまぬ、彼女イチ推しのすし屋さんである。

旭川 すし久
（あさひかわすしきゅう）

★♥

すでに閉店
銀座に移転計画中

北の国から来たすし屋

4丁目の交差点の一角をなす日産ショールームの裏手にある。旭川の店を引き払い、家族を引き連れて上京し、銀座にのれんを揚げた若き店主が1人で取り仕切る。まだ開店して半年にも満たない。隣りに京都からやって来たねぎ焼きの店「おねき」があったが、すでに早々と撤退。

汐留カレッタに出店した札幌の「すし善」が大好きなので、同様の期待感に胸ふくらませての来店。カウンター8席だけの小体《こてい》な店だ。北海道のサカナを中心にいただいた。＊ひらめ・八角・＊北寄貝・たら白子焼き・さんまづけ・蒸しえぞあわびとその肝・生たらこ・いくら醤油漬・＊甘海老塩辛・いわし塩焼き。にぎりが、さより・小肌・＊赤貝・＊ばふんうに・まぐろ赤身・＊ぼたん海老・穴子・たらば蟹・わさび巻き。バランスのよい繊細なにぎりだ。ただもうちょっと北海道色を前面に押し出してもいいのではないか。例えば素材によっては北海道特産の、西洋わさびに似た山わさびを使ってみるのも面白い。

翌月、すぐ近所のドイツ・ビアホール「ゲルマニア」でたらふくビールを飲み、鳥羽産の生がきとハンバーグを食べたあとで立ち寄った。今回は珍魚・八角を塩焼きで。ルックスはまるでワニの赤ちゃんですな、コイツは。2軒目につき、数カンにとどめておいたにぎりでは、きんきが出色であった。

鮨処 成戸
（すしどころなると）

★ ♥
銀座7-16-21
03-5565-4546
日祝休

姉弟コンビで今日もゆく

華の銀座を和光と三越のある4丁目の交差点（旧尾張町の交差点）で十文字に区切って、それぞれを北東・北西・南東・南西の4ブロックに分けると、最も飲食店が密集しているのは南西ブロック、そして最も少ないのは高級料亭が立ち並びこそすれ、この店のある南東ブロックということになる。美味を求めて銀座に襲来する人々も、この地域にまで侵攻することはない。しっかりとした固定客をつかんでいないと、ここでは生き残りが難しいのだ。

ビールを頼むとサッと出されるのが、ほぐした毛蟹の身肉に、いくらの醤油漬を合わせた小鉢。良質の毛蟹はほのかに甘く、香りもじゅうぶん、お替わりして蟹味噌とともにやるとこれがまたいい。フシギなのはいくらで、12月の初めに溶けるように柔らかかった皮膜が、年が明けて3月になっても変わることがない。真鯛の刺身・自家製からすみ・焼きはまぐり・たら白子入りの茶碗蒸し、すべてよし。じゃこの天ぷら（さつま揚げ）はエグみの少ない白身魚のじゃこだけを使ったものだ。すみいか・あじ・赤貝・さば・赤身・穴子と継いだにぎりでは、あじとさばが双璧。

ホームページでその夜の旬の素材を公表しているのはグッド・アイデア。体重を絞った田崎真也さんみたいな親方。彼を支える女将さんはその姉上。師弟ならぬ、姉弟コンビで今宵も頑張っている。

鮨 新太郎
（すし しんたろう）

★
銀座7-5-4　毛利ビル B1
03-3574-9936
日祝休

吹き寄せちらしがばらちらし

00年10月の初回。ビールを注文すると、穴子肝煮・たまご焼き・衣被《きぬかつ》ぎ・大根サラダがサッと出てきた。この肝がコックリと煮られて味わい深く、お替わりしたいくらい。

ひらめ・小肌・たこ・中とろをつまみで。中とろは200kgはある北海道産の本まぐろ、おそらく大間から龍飛《たっぴ》に抜けて松前あたり、あるいは奥尻《おくしり》くんだりまで泳いで行って、とっ捕まったのだろう。身肉の質は良かったが、少々スジっぽい。皮目の焼き入れを加減して、しっとり仕上げた焼き穴子は旨い。

にぎりは、小肌・白いか・すみいか・車海老・あじ・しゃこと続いた。中では小肌としゃこが断然。特に小肌はつまみのときとインパクトの大きさが違う。この小さな巨人はにぎられてこそ、その本領を発揮する。柳腰の車海老は艶っぽく、しどけない。潮汁で締める。ほかには冷酒を2合ほど飲んでお1人様2万円。基本的にはおまかせ一本だ。

04年2月。ランチタイムの吹き寄せちらし（1500円）をいただきに。「寿司幸本店」でも「青木」でも吹き寄せというと世間一般でいうところのちらしずしで、それとは別にばらちらしがあるのだが、なぜかこの店では吹き寄せがばらちらし。具はまぐろ赤身・小海老・ひも付き帆立など。サラダ・味噌椀が付いたが、全体に少々ものたりなさが残った。

寿し屋の勘八 本店

（すしやのかんぱちほんてん）

★♥
銀座7-7-19
03-3573-1274
日祝休　夜のみ営業

すし職人はかくありたし

　この店で修業し、全国に巣立って行ったすし職人はおびただしい数に上ろう。例外もあろうが「寿し屋の○○」という屋号の店はまず間違いない。直営の支店が、丸の内・大手町・南青山・横浜などにあるほか、並木通りで大繁盛の大衆店「まんまる鮨」をも傘下に収める。

　キッチリとした江戸前ずしを供して、コストパフォーマンスの高さは銀座一かもしれない。とにかく安くて旨い。そして清潔。オマケに職人さんたちのシゴトぶり、客あしらいがともにいい。ビールからほかの飲みものに切り替えるときに品揃えを訊ねると、よその店では、奥を振り返って「え～っと、焼酎は何だったたっけな？　ちょっとボトルをお見せして！」――こういうケースがままある。要はすし職人たる者、サカナをさばいてすしをにぎるのが本業で、飲みものまでは気が廻りかねるというワケだ。ところがこの店は違った。中年の職人さん曰く「焼酎は芋の天地水落、赤ワインの軽いタイプでしたらモメサンのボジョレがございます」――シビレやした。客商売のプロはこうでなくっちゃ。

　ひらめ・生だこ・赤貝を切ってもらう。たこの吸盤が特筆。かわはぎとその肝、珍しいミンク鯨をいただいてにぎりへ。小肌・あじ・赤身づけ・しめさば。ハズレなし。漬けしょうがも好きだ。中流店の草分けくらいに見くびっていた自分が恥ずかしい。１人１万円で大満足。

すし処 ととや

★
銀座3-11-7
03-3543-3324
月休　夜のみ営業

出足好調のち尻すぼみ

もう6年も前になる。ガイドブックで見たこの店のにぎりの美しさに矢も楯もたまらなくなってしまい、取るものも取りあえず出掛けた。キリンラガーをプハッとやったら、どういう風の吹き回しか、いきなりにぎりを注文していた。昼にはあっても、夜のすし屋で、即にぎりというのは後にも先にもこのとき以外は記憶にない。＊真鯛・＊星がれい・＊あおりいか・小肌・生とり貝・青柳・穴子2カン・かつお・赤身づけ・かんぴょう巻き・玉子の計11カンと1本。例によって＊印が特筆モノ。ほど良く脂の乗った松皮づくりの真鯛、塩とすだちでやってほのかに甘い星がれい、快適な歯ざわりにやさしいおいしさが追いかけてくるあおりいかと、3連続ヒットに驚きながらも気を良くする。後続の打線もけして沈黙していたワケではないが、やや尻すぼみの感は免れない。すしダネの種類もそれほど多くはなく、特にその夜は赤貝としゃこの不在が痛かった。赤酢を打った酢めしの旨さは舌に残った。

ずいぶんと間が空いてしまい、昨秋に久々の再訪。ひらめとそのえんがわ、今回は居てくれたしゃこをつまんだらにぎりへ。皮が柔らかいユニークな小肌、これまたご在宅の香り高い赤貝、大粒の煮はまぐり、脂の乗りすぎた穴子と食べ継いでみたが、前回同様に前半戦のほうがいい。しょっぱすぎる煮きり醤油も気掛かりと言えば気掛かり。

ほかけ

★ 🕰

銀座4-7-13
03-3564-2491
日祝休

帰らぬ昭和がよみがえる

明治から昭和にかけて活躍した新聞記者出身の文筆家・松崎天民の著書『銀座』が文庫本になった。その中の「帆掛鮨」という古いすし屋の写真はこの店の前身だろうか。銀座通りに面した松屋の向かいあたりにあった。まぐろ寿司・てつかまき・むし寿司などの看板も見える。

すみいかのゲソ焼きでキリンラガーをやったあと、丹波篠山の銘酒・鳳鳴を冷やで。しゃこと赤貝をつまみ、ひらめを切ってもらう。お次の小肌でビックラこいた。そもそも小肌というサカナは出世魚で、しんこ・こはだ・なかずみ・このしろの順に成長してゆき、名を変える。親方はなかずみだと言い張るが、ボクの目にはこのしろとしか映らない。プロと論争するほどの強心臓は持ちあわせていないから、素直にそいつをいただく。「どうせ大味に決まってらい！」と口には出さず、逆に1切れ口に放り込む。「あらまっ！」——じゅうぶんおいしいではないの。酢の〆まりもほど良くて、あえなくシャッポを脱ぎました。

にぎりへ。春子（真鯛の幼魚）・小肌（今度はちゃんと小肌サイズ）・車海老・穴子・車海老入り玉子・かんぴょう巻きとやって、穴子と玉子が双璧。銀座一の大ぶりなにぎりは「久兵衛」の倍はあろうか。サカナの脂が染み付いたベッコウ色のつけ台に、帰らぬ昭和がよみがえる。

からく

★
銀座5-6-16　西五番館ビル B1
03-3571-2250
無休

春の終りの初がつお

年に1度くらいのペースで5年ほど前から訪れている。通い詰めてるなどとはとても言えないが、リピーターではないくせに、かなりの回数をこなした。

初回は秋口。たこのやわらか煮が気に入った。にぎりでは、新子・きす昆布〆め・真鯛の腹身・しゃこに花マル。再訪は真冬。白魚の玉子とじがトロトロの吸いもの風でイケた。おぼろをカマせたさより、ふくら雀のように丸々と肥えた赤貝、噛むほどに甘みがにじみ出る蒸しあわびと、にぎり軍団が冴えわたる。素材・鮮度・〆め加減、三拍子揃ったさばにはうなった。

翌年の晩春。葉わさび醤油漬、ひらめと真鯛の肝と真子の煮付けを冷酒で楽しむ。お次の初がつおがスゴかった。繊細にして爽やかな香気が鼻に抜けてゆく。にぎりでは断然小肌。

「おとなの週末」だったろうか、ランチタイムに始めたづけ丼のカラー写真に誘われてさっそく出掛ける。づけ・あさり丼と、づけ・鯛の胡麻和え丼はともに1000円。あさりのほうを選択すると、これが滅法旨い。ふっくらプックリ炊かれたあさりには貝の旨味が凝縮されて、量もタップリ。まぐろづけもなかなかだった。もう片方を看過できずに、翌日再び。胡麻だれにからんだ真鯛も上々。この値段ではさすがのボクも粉わさびに注文をつけられなかった。

木挽町 吉野鮨

(こびきちょうよしのずし)

★

銀座5-14-3
03-3543-4444　日休
昼は月火水木のみ限定10食

昔のキレイな東京弁

歌舞伎座の前、晴海通りをちょっと入ったところに風格ある佇まいを見せる。つけ場に立つのは四代目。80歳を越えた先代が息子を助けるアシスタントというのが逆に微笑ましくていい。先代の女将さんは浅草の洋食屋「大坂屋」の次女で、その姉さんは「並木藪蕎麦」に嫁いだそうだ。銀座と浅草を股に掛けての、すし・そば・洋食のファミリー包囲網、こういうの好きだな。こんなハナシを聴かせてくれた先代の東京弁がまたいい。一昔前のキレイな日本語を久々に耳にした。

9席しかないカウンターの奥めに落ち着いて、キリンのクラシック・ラガー。かつぶしの入ったしゃこ（子持ちのこと）、生の白魚、うす目に切ってもらったまこがれい、軽く〆めた小肌ときます。つまんでる間に酒は37度の米焼酎、熊本は高田酒蔵のオークロードのロックに移行している。にぎりは、白いか・赤貝・蒸しあわび・子なししゃこ・穴子・まぐろ赤身・ばふんうにと続けて、赤身がベスト。しゃこは子の有無に拘わらず、ともにシットリと旨し。穴子の煮つめがアッサリとものたりない。指摘すると時流に合わせることを意識してのシゴトとのこと。いかはほかに、あおりいか・すみいかも揃う。赤貝が国産ではなく、中国の深圳《しんせん》のものだという。三陸や九州にはかなわぬがマッタク問題なし。

久兵衛

（きゅうべえ）

★ ♥

銀座8-7-6
03-3571-6523
日祝休

夏が来れば思い出す

二・二六事件が勃発した昭和11年創業の銀座を代表するすしの名店。初めてお ジャマしたのは80年、その当時、銀座の本店はちょうど日航ホテルの裏あたり、ソニー通りにあった。この年にはホテルオークラの支店にも伺っていて、世の中には支店を展開している大店《おおだな》でも、こんなにおいしい江戸前ずしを食べさせるところがあるものだと感心した覚えがある。その頃は浅草の「弁天山美家古」一辺倒、今は亡き四代目の全盛期で、小遣いを貯めてはウキウキして出掛けたものだった。

00年初夏。気に入りの職人さん・T山さんの前に座って期待感が高まる。夏を代表する白身・こちに瞠目した。ひらめともども少しずつ切ってもらって比べてみたが、こちの圧倒的勝利。やはり旬はあるものです。うすく切った大根を氷水で冷したところへ、たたいた梅干しと刻んだ青じそを挟む梅じそ大根は「久兵衛」を代表する箸休め。元来この店の小ぶりなにぎりが好みで、その日はにんにくとしょうがを合わせてカマせたかつおと、小柴《こしば》の港に揚がった江戸前のしゃこが白眉。

02年盛夏。初めて若き三代目の前に。この夜のヒットは、穴子の湯引き・蒸しあわび・まこがれいの肝焼き。特に梅肉でやった穴子がいい。にぎりではサッと〆めたあじと小なす。ボクの中で「久兵衛」は夏の季語になっている。

鮨 辰巳
(すしたつみ)

★
銀座8-5-19
03-5568-8801
日祝休　夜のみ営業

締めのいなりを忘れずに

コストパフォーマンス極めて高し。銀座の一流すし店としては激安と言ってもいいくらいだ。だからといってフード・バトルの出場者みたいにバカスカ食べられても困ってしまうが。親方はセンチュリーハイアットの「みやこ」出身。ホテル内の日本料理店としてはトップクラスのパークハイアットの「梢」の料理長は弟弟子にあたる。

銀座の南端8丁目、日航ホテルとリクルートの裏側あたりの細道にはいずれも小体な飲食店がひしめいていて、この店もその一郭にあるのだが、すし屋の数は尋常ではない。ではお互いの生存競争もさぞ激しかろうと推測すると、意外にそうでもないらしい。それぞれに根付きのサカナならぬ、客が付いているのである。同伴のカップルは大のお得意様。ホステスさんの行きつけだったり、オトコのほうが常連だったり、けしてラクではなかろうが、世の中うまく回っている様子だ。

この店は何と言っても小肌に尽きる。浅すぎず、深すぎず、塩と酢の〆め具合がボクの好みにピッタシカンカン。つまみでよし、にぎってさらによし。ほかにもとらふぐと北海しま海老、かきに石垣貝まで揃ってタネは豊富。奈良漬・赤かぶ・べったら漬の新香盛りにもセンスの良さがうかがえる。締めのいなり寿司もこういうところで食べると妙に新鮮だ。

寿司 つかさ

銀座6-11-20　AYC 銀座ビル2F
03-3573-2288
土日祝休　第4土曜営業

サカナは極上 にぎりがネック

松坂屋の裏手の目立たぬ2階にある。客はすべて常連さんと言っても過言ではない。店の前を通りかかったときに店名をメモり、「104」で番号を調べ、予約を入れておジャマしたときには女将さんにずいぶん訝られた。銀座はそういう街で、特に小体なすし屋さんはこうしたものなのである。ヨソ者が滅多に入り込まないところで立派に商売を成立させている店のなんと多いことよ。

沖縄出身の親方に、本日のラインナップを訊ねると、その説明がまさに立て板に水で延々と続く。ここまでやるすし職人は世にも珍しく、まさにニューヨークのリストランテのカメリエーレ（ウェイター）さながらであった。ビックリしながらも、その品揃えに期待が高まってゆく。仕入れるサカナがハンパでなく、素材の質と鮮度にはこれでもかとこだわる。その夜のイチ推しは常磐は小名浜《おなはま》沖で一本釣りにされた活真だら。これを腹から取り出したばかりの肝・白子とともに刺身でやった。どう間違えてもマズいワケがない。ビニール袋の中で活かされた大きなやりいかの身肉・ゲソ・エンペラの3点セット、さばかれて1時間経っても中骨を痙攣させていた活しまあじ、いずれもすばらしい。欠点はにぎり。やたらとネタが大きく厚く、酢めしとのバランスを崩す。しかもにぎりへの移行とともにニセわさびに変わった。これをクリアすれば一ツ星献上。

すきやばし 次郎
(すきやばしじろう)

★★
銀座4-2-15　塚本素山ビル B1
03-3535-3600
日祝休　土曜は昼のみ営業

清潔なのだが温もりが！

「久兵衛」同様に80年に初めておジャマした。季節は夏の終りか秋口だったと思う。とにかく土曜の昼下がりであったことは確かだ。白身・小肌・穴子・玉子は必ず食べているハズだが、恥ずかしながら記憶はすべて忘却の彼方。

山本益博さんの著書『至福のすし』に店主の名前が小野二郎さんなのに、店名が「次郎」とはこれいかに、というクダリがあって、当のご本人応えて曰く「すし屋で『二郎』じゃなんだか間が抜けてるでしょ」——理屈で説明は付かないが、感覚的にはおっしゃる通りだ。食べもの屋の称号として、「太郎」・「次郎」は遜色ないが、「一郎」・「三郎」ではサマにならない。

20年のブランクを経て再訪した。2月のアタマの寒い夜。菜花のひたし、ひらめと赤貝をつまんだら、すぐににぎってもらう。小肌・しまあじ・＊たこ・煮はまぐり・＊穴子・車海老・さより・あじ・＊さば・赤身・中とろ・大とろ・おぼろ巻き。まぐろ3連発に＊印が付いていない。ごくフツーにおいしかっただけで特筆ではないからだ。ベストはたこであった。ただ全体にもうちょっとシゴトをしてほしい。あじもさよりも生のまま、赤身のづけすらもやらない。店内に一種異様な緊張感が漂っていて、客はリラックスできていない。清潔この上ない店ながら、温もりに欠けていて、そこのところが哀しすぎる。

新富寿し

（しんとみずし）

★

銀座5-9-17
03-3571-3456
無休

ひかりものの揃い踏み

最近、フード・ジャーナリストたちに評価を下げられて、悔しい想いをなさっているのではないだろうか。だけどボクは彼らに組みしない。以前から好きな店であったが、しばらくご無沙汰していたし、悪評が心配なこともあって出掛けてきた。結果はじゅうぶんに満足のゆくものであった。まずはひと安心。

平日の昼に1人で伺い、さっそく1カンずつにぎってもらう。ひらめ昆布〆め・春子・＊新子・＊酢あじ・酢さんま・煮あわび・＊すみいか・穴子・＊赤身・酢いわし・煮はまぐり。かなりの確率で＊印が付いている。11月だというのに新子があった。九州の有明海のものだ。5年前には12月になっても、やはり同じ産地のものがあったほどで、1カンに3枚づけ。豊富なひかりものの品揃えにはついつい相好を崩してしまう。あじも、さんまも、いわしも、直前に酢にくぐらせてからにぎる。春子と煮はまはサイズが大きく、1枚で2カンはにぎれるくらいだ。柔らかい穴子は好みのタイプでなかったが、トロけるのがお好きな方にはたまらないだろう。力強い煮つめは気に入っている。漬けしょうがは卓上の容器から自分で取り、小皿で出される煮きり醤油はお願いすれば、一刷毛塗っていただける。11カンとビールの小ビン1本で7000円。ボクは好きな店だなぁ。

鰤門

(しもん)

★

銀座5-5-13　坂口ビル6F

03-5537-0010

無休

真っ赤に燃える紅殻塗り

03年暮れにオープンしたばかり。タスマニアの生がきやニューカレドニアの天使の海老がウリの「KAZAN」とは姉妹店。味はこちらのほうがはるかに上だが、値段もグッと張ってくる。客の年齢層も上がって、何から何までハイづくし。

「お出迎えするのは12メートルの紅殻《べんがら》塗りのカウンター」――お店が自慢するだけあって壮観である。紅殻というのは酸化鉄を原料とする塗料のこと。白木のカウンターもいいが、この紅色も目に鮮やかで気持ちがいい。

クリスマスのイヴ・イヴに出掛けてカウンターに収まるや、さっそく少しずつ切ってもらう。ひらめ・そのえんがわ・＊小肌・＊まぐろ赤身・赤貝のひも・煮はまぐり。質のいいものを入れている。その合間に野菜スティック、うどのキンピラ、有機野菜のサラダなどビタミン補給にもぬかりがない。百合根梅肉和え、穴子の信田煮と来て、＊まぐろ脳天とろ身の照焼き。粉山椒もいいがブルゴーニュの赤を抜いたので、黒胡椒でやったらもっといい。にぎりは、＊小肌・＊赤身づけ・〆めさば・車海老・＊中とろづけ。相手をしてくれたのは京橋の「与志乃」出身のT岡さん。満足してのお勘定は１人２万５０００円弱と少々お高い。気になったのはカウンターに座る客の背側にある個室風の小さなボックス。なんかひと昔前の同伴喫茶みたいで薄気味悪いんですけど。

すし屋の勘六

（すしやのかんろく）

銀座8-7-21
03-3571-0850
日祝休　夜のみ営業

岩手の鮎はコンパクト

浜田山から銀座に進出して来た。親方はこちらに出張っている。8丁目のこの界隈は昼は休む代わりに、夜の営業は深夜まで頑張るすし屋が多い。ご多分にもれずこの店もそうした1軒。一流クラブの密集地帯だけに、お得意さんは同伴出勤とクラブのハネたあとの帰り同伴。夜の銀座のすし店・クラブ・バーは密接な生命連鎖で繋がっているものなのだ。

粋ではないが小ギレイな佇まいにフラリと入店。突きだしに海藤花《かいとうげ》（たこの子）が出てこれは一興。京都の錦小路あたりではポピュラーな珍味も、関東ではあまり見掛けない。つまみのまこがれいとしまあじが力強さに欠けて、一瞬不安がよぎる。ところが焼いてもらった真いわしが抜群。焼きはまぐりも立派ないでたちに旨味満載。中国産ながら焼き松茸もいい香り。ホッと安堵の一息をついて思う。なにやら焼きもののほうがいいじゃないの。

富乃宝山のロックも3杯目、にぎりへ。新子（4尾付け）・＊小肌・赤身づけ・＊〆め鮎・穴子・わさび巻き。気になったのは酢めしの柔らかさとすしネタの大きさ。ベストは岩手産の鮎。ここいらの鮎はエサの加減で大きく育たず、いいサイズのものが揃うそうだ。好物の鯨のベーコンを見つけ、わさびの代わりに辛子でのり巻きをお願い。でもこんな悪ふざけは慎まないとイケませんね。

寿し幸

（すしこう）

銀座7-7-14
03-3573-6810
日祝休 夜のみ営業

大分から来た珍魚群

初代と二代目は血つながり、現在つけ場に立つ親方は雇われている三代目。実の三代目は姻戚関係にある6丁目の「寿司幸本店」で修業中の身。修業は10年にも及ぶそうだから、ハンパなこっちゃない。今の親方は大分の出身で、地元から空輸される珍魚が客の目と舌を楽しませる。

その夜はなまこ酢、花わさびひたし、あん肝ポン酢の3点セットで始まった。続いて珍しモノ第1弾の稚あわびのおどり喰い。エロチックにピクピクと動いてるヤツをいただいちゃうのだ。稚あわびといったらあわびの幼稚園児だから、天然ものを取るのは厳禁、地元で養殖されてるのを直接入れていて、築地の魚河岸ではまず見掛けないとのこと。とてつもなく旨いが、幼児虐待に加担してしまった良心の呵責に、あと味がよろしくない。お次は、とうへいの塩焼き。大分特産、うつぼの類いの大穴子は見掛けによらずアッサリと、これまた旨し。青森のひらめ、大分の小とらふぐとやって、にぎりに突入する。小肌・やりいか・＊青柳・赤貝・煮はま・中とろ。特筆の青柳は北海道産の舌先の長いもの。風味豊かで色鮮やか。美しい新しょうがを使った漬けしょうががすばらしい。それに反比例するかの如く、酢めしに力強さがない。すしダネとの一体感が生まれてこずに水っぽさすら感じさせる。これが改良されたら一ツ星。

鮨処 しば山

（すしどころしばやま）

★

銀座8-5-1　プラザ G8ビル B1

03-3572-3003

土日祝休　夜のみ営業

大粒いくらと味付けあわび

この本のために、同じビルの2階にある洋食屋兼ビル・オーナーの「YAMAGATA」の最終チェックに訪れたときにこの店の存在に気付いた。地下に降りて店構えを確認まではしていないが、店名を記したパネルを見て、これなら大丈夫という予感。さっそく予約を入れる。

おジャマしたのは12月半ばのとある日。30年前、この日の未明に赤穂浪士が無事本懐を遂げている。スタートは薄く切ったひらめ昆布〆めをポン酢で。続いての生のひらめが適度な弾力、こちらに軍配を上げる。以下、青柳・＊小肌・＊すみいか・いくら・＊煮あわび。いくらがかなりの大粒で、今までこんなの見たことない。6時間もかけてほんのり甘辛く煮上げた煮あわびも非常にユニーク、他店ではマッタク見掛けないもので、あちらこちらとすし屋めぐりを人生の楽しみとしている人間にとって、こんなシゴトに出会ったときは自然に頬がゆるんでしまう。生のいわしと〆めさばをチョコッと焼いてもらい、大根おろしでいただくと、このおろしがなめらかで抜群。お手伝いのM穂ちゃんといったかな？　丁寧におろしてくれてありがとう。にぎりは赤貝と小肌が双璧。貝類は甘酢にくぐらせてにぎってくれる。ここの親方は銀座で名の知れた高級すしチェーンの「寿司田」出身。経験に裏打ちされたシゴトが冴えわたる。

はこだて
鮨金 総本店
（はこだてすしきんそうほんてん）

銀座8-7-9
03-3571-8585
日休　夜のみ営業

呑み込みのいい客と職人

本店は函館の松風町。ＪＲ函館駅からほど近いが、さびれゆく一郭。もっとも新興繁華街の五稜郭にも直営店を出している。銀座にも乗り込んで来たくらいだから、商魂と経営センスは持ち合わせているようだ。こうしてみると、汐留カレッタの「すし善」が札幌、5丁目の「すし久」が旭川、経営規模は異なるが、一応すしの北海御三家と呼ぶことに致しましょうか。

スーパードライの中生をグイッとやって刺身から。いきなり混ぜわさびで来られたので、おろし立ての本わさびを所望すると、あからさまにイヤな顔をされた。「せっかくの刺身にニセわさじゃ、アンタだってせつなかろうに。ネタケースの立派なイチモツはお飾りかい？」——もちろん口にゃあ出しゃしません。気を取り直して、＊するめいか・＊しま海老・しゃこ・北寄貝・＊〆めさば・＊えぞあわび・中とろ・大とろ。こうしてみると＊印は北海モンばかりだね。言っちゃあ悪いがまぐろはダメだ。にぎりは小肌・ばふんうに・赤貝・穴子。バカデカい赤貝がヒドい。よほど吐き出そうとも思ったが、辛うじて呑み込んだ。たびたびわさびをすりおろす職人に、隣の同僚が声を掛ける。「オマエ、何やってんの？」——問われたアンちゃん、無言でこちらをアゴでしゃくった。「この客がうるせエんだよ！」——彼も言葉を辛うじて呑み込んでくれました。

かわ久 銀座店

（かわきゅうぎんざてん）

銀座8-5-19
03-3574-7767
日祝休　夜のみ営業

ベッコウ色に輝く数の子

本店は湯島の黒門小学校のそば。銀座店を開業して2年にもなろうか。若き親方はこちらに出ずっぱりだ。銀座にもう1軒開いてしまうと、そうなるのは必定、すし屋にとって銀座とはそういう場所なのである。

平日に予約なしでは簡単に座れないから、気まぐれでフラリと出掛けるワケにはいかない。同伴出勤のカップルでかなり立て混むこともあり、ジッサイ1度はソデにされている。

仕切り直しは土曜の夜。カウンターには小さいネタケースが飛び飛びに2つ並んでいる。入りきらないネタは親方自ら冷蔵庫から出して見せてくれる。白身はひらめも真鯛もなく、しまあじ（厳密には白身ではない）だけというのは寂しい限り。突きだしの菜花白和え、漬け込みのしゃこ、生のとり貝でスーパードライを。芋焼酎の平八郎に切り替えて、さざえ壺焼き、あじ裕庵《ゆうあん》焼き（この店ではこのアテ字）、茶碗蒸し汁（吸いものに近い）。いずれも水準には達しているが、完成度が高いとまでは言えない。

すばらしいのはシゴトを施した数の子と子持ち昆布。両方食べる必要はないが好みに合わせてどちらかは必食の超おすすめ。にぎりは赤貝・すみいか・小肌。赤身づけは海苔の帯に芽ねぎを添えて秀逸。中とろともどもまぐろはいい。煮きりは使わず、煮つめは今風にアッサリめの仕上がりを見せる。

青木

（あおき）

★

銀座6-7-4　ギンザタカハシビル2F
03-3289-1044
日休

鞘に収めてこその名刀

往年は紀尾井町、ニューオータニの脇から紀尾井坂を下ったところにあった。現在はこれもすしの名店「はしぐち」がのれんを掲げている場所だ。銀座に移転してまもなく先代が亡くなられ、息子さんが二代目を継ぐ。サービスに目を配る女将さんは先代の未亡人。

初顔は97年10月。ひらめ・赤貝などで白鷹の燗をやったが酒肴ではかきの酒蒸しが最も印象に残った。年の瀬に向けてまさにハシリ。にぎりではおぼろをカマせたさよりが抜群、相性の妙を堪能した。

4年半の歳月が流れる。再訪は02年3月。この夜は芋焼酎の伊佐美をロックで。まずは刺身と酒肴の数々。しゃこ・＊ふっこ（若いすずき）・小肌・かつお・きす昆布〆め・＊生とり貝・焼きトンビ（いかの口）・この子（なまこの卵巣の塩辛）。続いてにぎり。春子におぼろ・〆めあじ・＊きすに木ノ芽・まぐろ赤身・＊蒸しあわび・煮はまぐり・＊穴子・＊中とろ・おぼろ・玉子。いい方向に進化していた。気になったのはただ1点。二代目がなぜかギラギラしているのだ。そして事件は起こった。ボクの焼酎の追加注文を忘れた若い衆が頭をガツンとやられる。もちろん仕込み場でのことだがチラリと目に入った。女将は「愛のムチ」だとおっしゃったが客は不快な思いをする。良く切れる名刀はちゃんと鞘に収まってるものですよ。

萩はら
（はぎはら）

★
銀座7-7-12
03-3571-1060　日祝休
夜のみ営業

おぼろと絶妙きす・小肌

「勘八本店」出身の親方は愛想がいい。客はほとんどが常連。同伴のカップルが多いが、深夜2時までの営業だから、クラブがハネたあとの帰り同伴も見込めそうだ。手の込んだ酒肴は少ないものの、サカナの質はいい。まこがれいを薄く切ってもらってわさびで。かつおはにんにくでやった。あぶった北海道のししゃも、焼いた有明海のあげまき貝と続けてにぎりへ。小肌・きすはともにおぼろをカマせてもらう。無条件で旨し。穴子も大好きな浅草の「弁天山美家古」に似た白煮タイプ。頬がゆるんだ。

柳鮨
（やなぎすし）

★♥
銀座7-10-12
03-3571-1598
日祝休、8月の土曜休

穴子のパラダイス

初めはお昼に伺った。ちらし（1800円）、お刺身御飯（1600円）、鉄火丼（2000円）と3種類のうち、ちらしをお願いする。盛込まれた魚介は9種、それに玉子とかんぴょう。わさびはキッチリ本わさ。真鯛が新鮮でコリコリ、穴子は香りも旨味もじゅうぶん。欠点はクタッとした甘海老、硬化してしまったたこ、冷たいだし巻き玉子。シゴトぶりも接客ぶりも丁寧で好印象。時を経て夜に。にぎりに煮きりは使わない。ハシリの新子がいい。つまみの焼き穴子、にぎりの煮穴子、すばらしいのひとこと。

鮨 かねさか

★
銀座8-10-3　三鈴ビル B1
03-5568-4411
無休

ネタを見るのも客の楽しみ

「久兵衛」出身の親方はじめ、職人さんはみな若い。店内はトイレを含めて清潔極まりない。地下で携帯が使えないからと、客用に固定電話を1台置いているのがエラい。森伊蔵があるというのでいただく。小肌・真鯛・赤身などをつまむがベストは平貝。途中、たら白子のつけ焼き、いわしの風干しも登場。にぎりでは塩と煮きり半々でやった車海老、にんにくをカマせたさばが両雄並び立ってしまう。リクエストは2つ。まずもうちょっとシゴトをしてほしい。そしてネタケースを見せてほしい。1人2万円は覚悟。

奈可田
(なかた)

★
銀座6-7-19　ミクニ銀座ビル5F
03-3571-0063
日休　祝日は夜のみ営業

酒肴に施すひとシゴト

移転前の店を訪れたのは20年以上も前のこと。名声通りにすしはおいしかったが、雰囲気がやたらに暗かった記憶が残っている。今はとてつもなく明るい。カウンターに座っていても明かりは煌々《こうこう》という感じ。たこやわらか煮、あわび酒蒸し、かれいとすずきの昆布〆め、谷中しょうが醤油漬、玉子焼き、ナマモノを極力避けた酒肴はさすが。ここで初めてまぐろ中落ちのみょうが和えが来た。ツラレて赤ワインを注文。にぎりの小肌・とり貝・車海老・穴子はそれなり。赤身・中とろと、まぐろがやや弱い。

葉景乃
（はかげの）

銀座7-8-14
03-3575-0151
日祝休　夜のみ営業

オペラの名前で出ています

良心的な価格設定は1人1万5000円でオツリがくるだろう。店構えも店内も清潔だが、隣りとの間隔が狭くてキツい。店名がモーツァルトのオペラ「魔笛」に登場する狂言回しのパパゲーノに由来するとは。店主自身だろうが、名付け親はタダ者ではない。ひらめの肝と真子の煮こごり、ちょっと貧相なずわいの脚肉、しっとり甘いしゃこ、旨みがボケたひらめ昆布〆め、こんな感じで食べすすむ。にぎりの小肌はやや大ぶり。赤身は冷蔵庫から出したばかりで冷たすぎ。ねぎ入り玉子焼きとしじみ味噌椀が秀逸。

小笹寿し
（こざさずし）

★
銀座8-6-18
03-3289-2227
日祝休

はまぐりだけはハズせない

細い路地を入って行く。曙・小錦クラスは横向きの蟹歩きをしないと通れない。もっとも彼らは横になってもあまり厚みが変わらぬか。98年7月初め、穴子の肝煮に続いて銀宝《ぎんぽ》のうす造りが出た。ポン酢でいただいて思わずニッコリ。にぎりは極小サイズが3枚付けの新子を筆頭に、きす・煮はまぐり・やりいかいんろうが特筆。03年11月に再訪。かわはぎの肝ポン酢、大葉でやる戻りがつおが旨い。おぼろをカマせた小肌のにぎりにウットリ。前回同様、締めははま吸い。煮はまともどもここのはまぐりは絶品。

梅乃寿司
（うめのずし）

銀座1-4-2
03-3561-2630
日祝休

信じて良かった店構え

京橋のフィルムセンターで念願の『日本暗殺秘録』を観たあと、飛び込みでおジャマした。粋な店構えに間違いはあるまいと思ってのことだが、突きだしの煮やりいかで早々に安心した。甘酢にサッとくぐらせたさより、しゃこにすみいかと続けて、にぎりに移行。真鯛・小肌・赤貝・煮はまぐり・穴子。煮ものに一刷毛する煮つめがかなりの辛口。穴子のときに引き立つが、煮はまにはもうちょいと甘みがほしい。即席のづけで締めてお茶。ランチのちらしは１５００円。にぎりは２０００円から。

賀久
（がきゅう）

銀座1-5-14　コスミオンビル B1
03-3562-6250
日祝休

ニューヨークではスレ違い

おろし立てのわさびに粉わさを少々混ぜてきたので指摘する。これは悪気があってのことではない。こちらを好む客も多いのだ。突きだしにのれそれ（穴子の稚魚）が登場。とらふぐがあったので引いてもらう。白子ポン酢、焼き万寿貝を麦焼酎・百年の孤独で。クーッ、たまらん。芋の森伊蔵に切替えてにぎりへ。あわび・本みる貝など貝類よりも赤身・中とろの本まぐろがいい。「寿司田」出身の若い店主はニューヨーク支店に4年勤めた。その店にはよく通ったが、時期が微妙にズレていて、その夜が初顔合わせ。

寿司仙
（すしせん）

銀座8-6-9
03-3571-3288
土日祝休

銀座の古典ここにあり

太平洋戦争勃発のちょいと前にオープンしているから、店として還暦は越えたことになる。現在の親方は二代目。サポートする弟さんと2人でつけ場に立つ。ネタケースはなく、その日に出せるものはすべて壁の木札に表示されて、隠し玉は一切ない。蒸しあわびをわさびと煮つめで、焼き穴子を塩とわさびでそれぞれやったらにぎり。「ほかけ」ほどではないが、にぎりは大きめ。さばは角形二つ切りで来た。キュービックな食感が刺激的。古典的なすしは親方の実直な人柄と瓜二つ。

すし金子
（すしかねこ）

銀座6-4-16
03-3571-3577
日祝休

親方支える若女将

ヴァレンタイン・デーを2日後に控えていたせいか、ハートのロゴのシャトー・カロン・セギュール'97年をお願いする。久々のボルドーは少々冷たすぎ。肝醤油でやる芽ねぎを巻いたかわはぎ、だしの効いた甘酢に漬けたしゃこ、おろしで食べる焼き中とろが上品に少しずつ。新子（この時期だから氷見か七尾か有明か？）で始め、ひらめ・煮はま・赤身・穴子と続けたにぎりも女性的。「寿司田」の高級バージョン「乾山」出身の親方は可愛い若女将とその店で知り合った。シアワセな出会いと言わねばならない。

奈可久

（なかひさ）

★

07年6月末にいったん閉店したが、
新店が7月20日にオープン。
銀座8-7-7 JUNO 銀座誠和ビル6Ｆ
03-3571-0717　夜のみ営業　日祝休

脇役わかめが侮れず

六本木の旧防衛庁前の「奈可久」で修業した親方が分離独立、いわゆるのれん分けだ。天豆・白魚・蒸しあわび・たこ桜煮がスッと出る。たこの味付けはかなり濃いめ。ひらめ・春子・きすとつまんで、お次の〆めさばがベスト。続いたやりいかのゲソ焼きも美味。忘れてならないのがサカナたちの脇に添えられたわかめで、歯ざわりが快く、なかなかこれほどのものには出会えない。にぎりは小肌・あじ・赤身づけが三強。特に小肌は酢の塩梅がとてもいい。1人2万円は軽く越えるお勘定だけが悩みのタネ。

福喜鮨

（ふっきずし）

銀座1-6-7
03-3561-3472
日祝休

すし屋を仕切るバーテンダー

大阪は黒門市場の同名店の流れを汲んでいるようだ。大阪で数店を展開しているその「福喜鮨」も、もともとは柳橋にあったらしい。先代が大阪から舞い戻って、この地にのれんを掲げ、現在取り仕切るのは二代目。特徴はあまりにもムダな動きの多い派手なにぎり方。見ているこちらが恥ずかしくなる。すし職人のにぎりというより、バーテンダーのシェイクに近い。しゃこ爪、かつおたたきがいい酒の合いの手。にぎりでは穴子、まぐろ赤身のづけ。ひかりもの豊富だが小肌など、もうちょいと酢をつっこんでほしい。

寿司幸本店

（すしこうほんてん）

★★
銀座6-3-8
03-3571-1968
無休

ここは煮付けと赤ワイン

２００２年の５月と６月の間、故あって、すし屋めぐり強化２ヵ月間とした。この間に訪れた店を列挙してみると、銀座の「萩はら」・「葉景乃」・「久兵衛」、人形町の「㐂寿司」、日本橋の「吉野鮨」・「千八鮨」、神楽坂の「二葉」・「新富寿司」、根津の「なみ喜」、蔵前の「幸鮨」、浅草の「新高勢」、六本木の「兼定」、柿ノ木坂の「逸喜優」、自由が丘の「兵衛」など25軒。そのうちこの「寿司幸本店」と「兼定」には2回訪れている。「ベスト・スリーはどの店だい？」ってか？ う〜ん、やはりその２軒と「新高勢」かな。コストパフォーマンスを考慮すると「吉野鮨」も捨て難い。まっ、そんなところッス。

初夏の一夜が忘れられない夜となった。スーパードライでのどの渇きを癒し、ブルゴーニュの赤、ニュイ・サン・ジョルジュ・プルミエ・クリュ'96年（1万円）を抜栓してもらう。つまみは生とり貝を辛子酢味噌、しゃこをわさびで。続いていきなり本日のクライマックス、煮付けオンパレード。穴子肝、まこがれいの肝とえんがわ、真鯛の白子。参りましたっ！ 二ツ星はこの煮付け軍団に捧げます。きす昆布〆め、かつお刺しと来て、にぎりは、小肌・＊赤貝・＊そのひも・＊赤身づけ・＊車海老・穴子。2週間後、まこがれいが幻の星がれいにランクアップ。かつおもよりおいしくなって、文字通り「ここに幸あり」。

古径
(こけい)

★ ♥

銀座8-5-6　中島ビル B1
03-3572-4022
日祝休

個性が光るにぎりずし

銀座と言わず、東京と言わず、日本とさえ言わず、ニューヨークにまで出店している「寿司田」のプレミアム・ショップが「乾山」と「古径」。支店展開の極端な店やチェーン店はお呼びでないのに、選出したのはワケあり。ここの親方ならではのシゴトがすしに表れているからだ。春先ににんにく醤油でやった初がつお、年明けの柚子をあたった有明産の新子、酢めしがベストの状態だ。鹿児島産の馬刺しにもうなった。サービスの女性は1人きり。気配りが行き届き、垢抜けた色香すら漂う。人妻ですな彼女は。

鮨の与志喜
(すしのよしき)

★

銀座6-3-18
03-5568-6800
土日祝休

にぎりにたどりつけずとも

居酒屋とまでは言わぬが新橋あたりの小料理屋の雰囲気は漂う。雑然として狭っ苦しくて、お世辞にも居心地がいいとは言えない。ところが店は見掛けによらぬもの、旨いもんが目白押しだ。特に酒肴と刺身がすばらしい。ほたるいか・平貝・甘海老・毛蟹・くち子、文句無し。あいなめはポン酢、かわはぎは肝醤油と、鮮やかに正鵠を射る。かき土瓶蒸し、あこう鯛粕漬、たら白子味噌焼き。久保田萬寿と十四代（米焼酎）がすすみにすすむ。にぎりが今一歩ながら、赤身づけだけは外せない。

鮨処 さかい

(すしどころさかい)

銀座8-4-5　八官ビル B1
03-3289-8055
日祝休

神社の地下でナマモノを

お参りを済ませてから宝くじを買うと、ゴリヤクがあるという八官神社の地下にある。ネタケースの上には茹で上がったばかりの大たらば蟹が堂々と鎮座ましましている。サカナの種類は豊富。白身だけでも、かわはぎ・はた・ほうぼう・真鯛。かわはぎを肝ポン酢、はたをわさび醤油で。珍しく酢〆めのにしんがあり、これにはおろししょうが。爽やかなハシリがつおはスライスにんにくだ。桜鱒の塩焼きをはさんで、にぎりは小肌・赤貝・穴子。時々特注する中とろ・数の子・きゅうりの一緒巻きを締めに1本。

【名店二百選】

天ぷら

すしと比べると、銀座の天ぷらはそれほどの活況を呈してはいない。それなりの歴史と伝統を誇る老舗の大型店、銀座生え抜きであったり、ヨソである程度の名声を得て進出して来たりの中堅どころ、そして大資本の資金力をバックにオープンしたニューフェイス。大きく分けてそんな構図の三者三様。狙い目は第2グループの中堅クラスだろうか。

すしと違って食材に下ごしらえ、いわゆるシゴトを施すことのない天ぷらは逆に商売としては非常に難しいものがある。客が来なけりゃ鮮度がオチるし、クラブが引ける深夜まで開けていても、夜中に天ぷらを食う人種はまれだ。ワリの合わないことにかけてはこれほどヒドい業種はほかになく、つくづく因果な商売ではないか。

茂竹
（もちく）

★
銀座6-5-16　三楽ビル2F
03-3571-1578
日祝休

他店と違うソフトなタッチ

マスコミ露出度は限りなくゼロに近い。この本のために銀座の津々浦々をくまなく3周はしたが、その探索ウォークに運良く引っ掛かってくれた。ビルの2階の小さな店名パネルに気付いたのは幸運だった。「茂竹」という屋号が記憶の片隅にあり、調べてみれば、すしの「ほかけ」でも触れた松崎天民の『銀座』に登場していた。何と大正2年創業、老舗の中の老舗であったのだ。かくして隠れた名店の発見に成功。

夜は1万円からのコースになるので、初回は昼の盛合せ天丼（3000円）。ツレが天ぷら定食（5000円）。ハタから見て見苦しくない程度に海老や野菜の物々交換をして両方試す。黒い漆器のドンブリの蓋をおもむろに開けてビックリ玉手箱、目も眩《くら》むオールスター・キャストだ。才巻海老2尾・めごち・きす・稚あゆ5尾・はす・みつば・しいたけ・いんげん・アスパラにふきのとう。季節ものの琵琶湖の稚あゆはサービス品で、普段は入らぬというからラッキーこの上ない。定食には加えてすみいか・たらの芽・新竹の子・小柱かき揚げ。ここの天ぷらはとても個性的。魚介の脱水が終了する前に引き上げるのに、水っぽさとは無縁でホックリ、シットリ、ジューシーなのだ。ごはん・赤だし・新香も完璧。10席に満たない小さな天ぷら屋さんだが、銀座で一、二を争うと言っていい。

天亭
（てんてい）

★
銀座8-6-3　新橋会館ビル B1
03-3571-8524
日休

初めて食べた高麗人参

初回の天丼（２５００円）はおいしかったが、巷間伝わるほどの感激はなかった。才巻き海老２尾・きす・穴子・グリーンアスパラ・小なす・芝海老かき揚げがドンブリにあふれんばかり。巻き海老の甘みとかき揚げの上の柚子皮1片に好印象。丼つゆは甘さを抑えてやや辛口。しじみの赤だし、野沢菜・刻みしば漬・たくあんのお新香も丁寧だ。季節は5月の末、天丼を作り終えた店主は夜の仕込みに余念がない。季節外れの松茸・早松《さまつ》のエロチックな香りが店内に充満している。

それから2年半ほど経った２００３年の暮れ。やはりお昼の天ぷらコース（３０００円）を。才巻き2尾・しいたけしんじょ・きす・なす・オクラと続く。天ぷらのコロモの付け方がチリチリッとして好きなタイプだ。天つゆはやや甘め。もの珍しさに魅かれて高麗人参を追加する。食感はごぼうとにんじんのちょうど中間といった塩梅で、ほど良い苦味が特徴。ネタケースには、めごち・わかさぎ・すみいか・かき・帆立・たら白子・たらば蟹がズラリ。これでは夜に再訪し、お好みで揚げてもらって一杯やりたくなってしまう。

締めはかき揚げの天茶。煎茶に塩に本わさび、理想的な天茶に気分爽快。しかしながら、振り返るとこの天ぷらコース、海老以外の魚介はきす1尾のみで、ここのところが、ちと寂しい。

てんぷら 近藤

（てんぷらこんどう）

銀座5-5-13　坂口ビル9F
03-5568-0923
日・祝日の月曜休

すし屋もどきの天ぷら屋

印象はあまり良くない。揚げ手の店主に対してではない。まだ老舗バー「ルパン」の真ん前にあったころ、予約の際の女性の応対が不愉快だった。気が利かない、アカ抜けない、誠意がないのナイナイづくし。女将にしろ従業員にしろ、こうまでヒドいと、責任の一端は主人にもあると言わざるをえない。お造り付きは1万5000円のコースというので浅はかにも素直に従ってしまった。

はたして確かに真鯛・小肌・うにの3点盛りが華々しく登場。ところがドッコイ、そのあとに、こちとまこがれいが仲良く一緒に盛られて来た。これじゃお造りの焼き直しじゃないか。さすがにムッとして、ことの次第を質してみれば、なんのこたない1万円のコースにもこの盛り合わせが付くというじゃないの。すし屋じゃあるまいし、こんなにナマモノばかり食わされて、オマケに高いカネ払わされて、泣きっ面に蜂とはまさしくこのこと。

気を取り直して天ぷらを口に運ぶ。才巻きはどうということもない。良かったのは、きす・しいたけ・どじょういんげん・はまぐり。エッ？　名物のさつま芋はどうしたってか？　あんなデカいのやっつけたひにゃ、お腹満腹、途中で転覆、あとがどうにもならんでしょうに。もっとも1万5000円のコースにはハナから含まれてないのっ！　最高級のコースなんですから。

天冨良 いわ井

(てんぷらいわい)

★ ❤

銀座6-3-7
03-3571-5252
日祝休

春が来たなら夜に行く

　天ぷらでは銀座でイチバンかもしれない。断定できないのは、お昼に2度おジャマして天丼（2500円）と天ぷら定食（3000円）しか試していないからだ。穴子はもとより、この店の名物のうに・かき・ふきのとう・くわい・伏見とうがらしなどを食べずして、判定を下すワケには参らない。

　ビールを注文したら、助子と菜花の煮びたしがお通しに。天丼は、活才巻き2尾・きす・どんこの海老しんじょ詰め・はす・グリーンアスパラ・芝海老かき揚げ。それにしじみ赤だしと新香。活きた才巻き以外は扱わない。その海老の火の通しが職人芸だ。魚介と小もの野菜は繊細に、はす・どんこなど重量級の野菜は大胆に揚げ切る。丼つゆは辛めの濃いめ。炊き立てのごはんもおいしい。

　天ぷら定食の内容は天丼とあまり変わるところがないが、白魚がプラスされ、どんこしんじょの替わりに小玉ねぎ。こいつが甘みいっぱい。丼つゆ同様に天つゆもかなり輪郭のハッキリした力強いものだ。締めの食事には天茶をお願いする。天丼のときにはカリッと揚がったかき揚げが今度はフワッと揚げられた。この采配が見事。散らした海苔におろし立ての本わさび。かけ回すだしは永谷園のお茶漬風だが、ずっと洗練されたもの。

　山菜など季節ものの出揃う春の宵にはぜひ行かねばならない。

天朝
（てんあさ）

★♥
銀座1-27-8
03-3564-2833
日祝休

かき揚げ抜きでも旨い天丼

初回は昼の天丼（１５００円）。海老2尾・きす・穴子半身・はす・ししとう・小なす。バランスがすばらしい。我がもの顔でドンブリの中央にデンと居座るかき揚げは好みではないから、その不在がありがたい。個人的にかき揚げは天茶・天ばらのためのものと決め込んでいる。２尾の海老は東南アジアからの輸入モノだろうが、じゅうぶんにおいしい。きすも穴子も素材に遜色なく、若き店主のシゴトも自信に裏打ちされている。2本のししとうを十文字にクロスさせ、ちょうど忍者の手裏剣のように揚げた姿がユーモラス。甘すぎもせず、辛すぎもしない丼つゆが天ぷらとごはんの間を上手に取り持って、食欲はいよいよ盛ん、モリモリと湧いてくる。気配りが行き届いたしじみ赤だし、新香盛合わせにも感心。1ヵ月ほど経過して師走。再び昼に天ぷら定食の梅（１８００円）をいただく。竹（２３００円）はサカナが1種増え、松（３０００円）は活車海老を使用する。梅の内容は前回の天丼とほぼ同じで、小なすの替わりにしいたけが入り、小海老の小さなかき揚げが加わった。それに小サラダ。お好みで江戸前のはぜ（４５０円）を1尾追加し、これにて満腹。ちなみにこの日の竹の海の幸は、帆立とわかさぎの追加であった。カリリと揚がった天ぷらもよかったが、コンパクトにまとまって、胃もたれ無縁の天丼がボクは好き。

一休庵

（いっきゅうあん）

★ ❤

銀座2-8-16
03-3535-2870
日祝休

危うく見過ごすところであった

お店の前はそれこそ何べん通り過ぎたかしれない。しかし、どうも入る気になれなかった。店構えに人を魅きつけるものがなく、店先の品書きも天ぷら屋のようでもあるし、それともそば屋かしら？　ふ〜む、店名から察するにそば屋だなこれは……まっ、いいや、てなこってご縁がなかった。お隣りのとんかつ屋「井泉」も利用するのはもっぱら湯島の本店のほうだから、2軒続けて無視しちゃってたワケだ。

ある日、前を通りかかると、ちょうど中から男性の2人連れが出て来るところ、開いた引き戸からチラリ店内を垣間見る。ややっ、立派な天ぷらカウンターが！　誘われるように即入店。2階のテーブル席に通された。もり・鴨南蛮もあって、やはりそばにも力を入れているようだ。その日は天ぷらそば（1300円）でいくと、これが大当り。カラリ揚げ立ての海老が3本、中太平打ち、パスタのリングイネそっくりのそばは甘皮も挽き込んだあずき色。コリアンの冷麺をソフトにしたような独特のコシで簡単にはノビたりもしないし、天ぷらそばでは銀座一の折り紙を付けたい。おそばだけでは評価ができぬ、数日おいて天ぷら定食（1600円）。海老2尾・きす・はす・なす・ピーマン・ニセ小柱（刻んだかまぼこ）の海苔巻・小海老かき揚げ。タップリのおろしに、サラダ・味噌椀・新香・ごはん。万事そつなく充実感が残り、ニセ小柱には目をつむる。

銀座 天一 本店

（ぎんざてんいちほんてん）

★
銀座6-6-5
03-3571-1949
無休

訪れるなら本店へ

桃コース（1万2000円）をお願いした。突きだしに、海老みそ・穴子肝煮・うど入り小サラダ。天ぷらが次々に揚げられる。才巻き・きす・＊帆立・グリーンアスパラ・＊銀杏と絹さや・＊かき・＊すみいか・なす・ししとう・＊穴子・＊かき揚げ（海老と小柱）。松茸とはぜを追加して、季節は秋真っ只中。しじみ味噌椀とごはんもおいしい。ただしサービスの女性たちの面倒見がよすぎるきらいあり。ソニービルの支店はいいが銀座インズの「TEN-ICHI deux」はマッタクのベツモノ、格段にオチる。

大坪

（おおつぼ）

銀座1-5-1　第三太陽ビル2F
03-5250-0137
水休

天ぷらだけに集中せよ！

土曜の夜におジャマしたが、たまたまサービス担当の女性が休んでいて、揚げ手の店主が1人で孤軍奮闘。こちらもお替わりのビールくらいは自分で冷蔵庫から出しました。お通しや酒肴にこれといった魅力なく、天ぷら一本に集中したい。この夜はあえてお好みで。活け才巻き・みょうが・わかさぎ・すみいか・＊小たまねぎ・たらば蟹・めごち・＊きす・＊かき・くわい・帆立・＊蓮根・穴子。こんな感じで2人で食べて、シャブリのプルミエ・クリュを1本。締めて2万3000円也。

あさぎ

銀座6-4-13
03-3289-8188　日祝休
土曜夜のみ営業

まずはお昼の天丼を

　裏路地に面した扉を開けると、すぐ目の前をカウンター席が横に走る。いきなりという感じで、心に余裕のないままに、天ぷらと対峙することとなる。店内は清潔、店主は折り目正しい。天ぷらは昼のコースですら5000円から、夜は1万円からのおまかせ2種のみ。この値段ではランチの天丼（2000円）で、まずは様子を見るしかあるまい。海老2尾・きす・なす・さつま芋・小海老かき揚げという陣容で、極力甘みを抑えた丼つゆに品がある。琴線にふれるものを感じられたら、次回は夜に。

【名店二百選】

そば

天下の銀座に旨いそば屋が少ないのには愕然としてしまう。その中では味の「泰明庵」、雰囲気の「よし田」が双璧だろうか。困ったことに他の老舗がどうも冴えない。お買物に訪れた奥様・お嬢様がお昼におそばでもなかろうし、サラリーマンのランチも今のご時世、相当数が立食いそば屋に流れているハズだ。

銀座線に沿って中央通り（銀座通り）を北上してみて気が付いた。日本橋・神田・上野・浅草と、そばの名所が数珠つなぎだ。反対方向も新橋・虎ノ門・赤坂見附と、これまた名所が目白押し。このことこそが、そばの似合わぬハイカラな街、銀座の銀座たる所以であろう。

泰明庵

（たいめいあん）

★

銀座6-3-14
03-3571-0840
日祝休　土曜昼のみ営業

居酒屋いらずの2階席

初めて訪れたのは1999年11月、2階に上がって軽く飲んだ。スーパードライから浦霞のひやへ移行しながら、せりのおひたし、いかと玉ねぎのかき揚げなんぞをつまんだあとに登場したのが刺盛りだ。大きくはない皿ながら、ひらめ・真鯛・かわはぎ・大とろに、しっかりとかわはぎの肝まで付いている。しかも本わさび。そしてなんとこれがたったの1000円なのだからオドロキだ。こうなったら、もうそんじょそこいらの居酒屋にゃバカバカしくて行けませんな。

翌週、さっそくウラを返す。すでにオーダーの要領を心得ているので、まず冷しトマトにアスパラ菜ともってのほか（食用菊）のひたし。続いて生がきとうの花。そして今回の刺盛りは、ひらめ・真鯛・中とろと、品数は1品少ないがそれでも大満足。今宵の酒は八海山。めごちの小さな天丼で締めて、ふと気が付いた。このそば屋に2度来て肝腎のそばを食っていない、と思った途端にざるが来た。女店員の説明にうわの空だったようで、どうやら小天丼とセットになっていたらしい。ひや酒もほどほどにせにゃならぬと反省しつつ店を出る。

リピーターではないのになんやかやと1年ほどはずいぶんおジャマした。1階は食事、2階は晩酌といった具合に仕切られて、お互い迷惑が及ばぬように配慮されている。店側にとってもこのほうが客をさばくのにずっとラクだろう。

よし田
（よしだ）

銀座7-7-8
03-3571-0526
日休

消えゆく昭和に抱《いだ》かれて

　銀座でイチバン有名なおそば屋さん。そばが苦手な人も訪れる価値あり。なぜならば、そば抜きでも粋な酒肴でおいしい酒が飲めるのだもの。とにかくこの空間に身を置くだけでも、消えゆく昭和に抱きすくめられているようでシアワセだ。2階の座敷で宴会も可能だが、この店は1階、それも小上がりに座れたら望外の幸運と思し召せ。

　酒は菊正の燗。肴は糸がき（細切りの花がつお）を散らした子持ち昆布、はじかみとおたふく豆を添えたきすの塩焼き、にしんの棒煮に白魚の玉子とじも捨て難い。秋の深まりとともに、木綿を使った湯豆腐、それに甘塩のたら切り身の入ったたらちり、ゆず皮を飾ったふろふき大根なども、燗酒にとっては至福の合いの手だ。

　肝腎のそばなのだが、例えば細打ちのもり（４８０円）はそば自体はまずまずながら、つゆが濃く甘く、サラリとしたキレ味に乏しいのが残念。名物のコロッケそば（９５０円）は、そば・つゆ・ねぎがみなタップリで、くだんのつゆも種ものになると、個性がいい方向に転じる。じゃが芋を使わぬコロッケは鶏肉と山芋が主張して口当たりなめらか。ちょっと見は上品なハンバーグ、あるいはダイナミックなつくね団子という景色だ。ちっともコシを感じさせない鍋焼きうどんには何の魅力もなく、手を出さないほうが無難。文士たちにも愛された老舗は創業１２０年にならんとしている。

利休庵

（りきゅうあん）

銀座3-3-8
03-3563-5686
日休

たぬきそばなら一ツ星

　日本橋室町の「利休庵」とは姉妹店。というより、あちらの店主がこちらの店主の兄上だから、兄弟店か。両店とも1階がそば、2階では和定食を提供する。日本橋の2階でそばは御法度だが、弟さんのほうが柔軟とみえて、銀座店の2階ではそばも可能。しかし、さすがは兄貴で、そば・定食ともに弟を凌駕する。

　ともに北海道は幌加内《ほろかない》の玄そばの一番粉を使用しているようだが印象は異なる。ここのもり（600円）は真っ白な細打ち。コシはあっても、そばを食べているという醍醐味に欠ける。小麦粉の香りが一緒に上がってくるのだ。つゆは鰹節が出張って醤油のトンガリが残る。そば・つゆともに好みではない。明らかに日本橋室町が格上。むしろ種もののたぬきそば（720円）が好きだ。揚げ玉・かまぼこ・絹さやに加えて、南蛮モノに使用する短冊のねぎ、見た目上品でそばに最後のひとコシが残り、つゆも極めて正統的。これにおにぎり一つ付け加えれば、立派なランチと相成る。ドンブリものではカツ丼（980円）のカツ柔らかく、多めのつゆさえガマンすればごはんおいしく、たくあんもパリパリ。ただ願わくばカツ丼には吸いものよりも味噌汁を。

　2階では焼き魚定食（1000円より）がおすすめ。鮭・さば・銀だらなどなど。油揚げと大根の味噌汁がとてもおいしい。ホラ、だから言ったじゃないの。07年3月末日をもって閉店。

五合庵多吉
（ごごうあん たきち）

銀座4-14-17
03-3544-0440　日祝、第2・4土曜休
それ以外の土曜は昼のみ営業

うずらの玉子がありがたい

シチューの「銀之塔」の真ん前に目立たぬようにある。来店客より出前のほうが多そうだ。もり（５５０円）はなめらかさに欠けるがコシはじゅうぶん、おいしいそばだ。薬味はさらしねぎ・ニセわさび・うずら玉子。この玉子が何ともうれしい。カレー南蛮（９５０円）にも付いてきて、タップリの豚肩ロースとほうれん草の上からポトンと落とす。ランチタイムには種ものそばに、いなりかおにぎりを追加するのがサラリーマンに人気。具だくさんのところに餅まで入った多吉うどんがこの店のオリジナル。

いけたに

銀座7-5-15
03-3571-3471
土日祝休　夜のみ営業

もはや怪しい変わりそば

そばを3種類に打ち分ける、イチローばりの広角打法。並・生粉打ち・田舎とあって、そのうち2種を盛合わせた合盛りもできる。生粉打ちと田舎のコンビが１８００円。並がからめば１５００円。やや太めでボッソリくる生粉打ちよりもスルスルいける並のほうが好みだ。つゆは標準、わさびはニセ、若いお運びさん（店主の娘さんらしい）はかいがいしいが、当の店主は常連の席に座りこんでのダベリング。客層も変化に富んで面白い。変わりそばの柚子切りをかけでも出すのが珍しさを通り越して怪しい。

【名店二百選】

うなぎ

銀座にはうなぎ屋がほとんどない。そば屋も少ないが、うなぎ屋はその比ではない。昔から銀座はうなぎではなく、やなぎの街だったのだから仕方がない。しかもその柳の下にどじょうもうなぎも居たためしがない。「竹葉亭本店」が8丁目に、その支店が5丁目にあり、うなぎに蒸しを入れない個性的な「ひょうたん屋」が1丁目と6丁目、あとは築地の名店「宮川本廛」が松屋デパートに出店しているのと、新橋の「登亭」系列の店が数店あるばかり。2丁目の「大作」は閉店後、焼肉の「平城苑」をテナントに迎え、その名をビルに残すのみ。

そば同様に、うなぎもまた日本橋・神田・上野・浅草のお世話にならずんば立ちゆかない。いにしえ、銀座は海の底だった。川魚を商うにはやはり川のそばでなくっちゃ。

ひょうたん屋

★★

銀座1-5-13
03-3561-5615　日祝、第2・4土休
それ以外の土曜は昼のみ営業

背開きながら蒸し入れず

東京では珍しい蒸しを入れない蒲焼きの店である。この店のうなぎを食べると、素焼き・蒸し・つけ焼きの過程を踏む江戸前シゴトの必然性に疑問が生じる。それほどにここのうな重は魅力的だ。仏料理のサカナたちだって、例えば真鯛やすずきなんぞは、ポワレ・グリエ・コンフィと、どちらへ転んでもそれぞれにおいしい。うなぎだってそうではないだろうか？　シットリ柔らかもアリだが、サックリ歯ごたえもアリだろう。割いたうなぎを炭火で焼いて、あとはドボンとタレの中。これだけで実に旨いのだから、うなぎのタチがよほどいいのだろう。

最初は1500円のうな重の（中）を。肝焼き（300円）が売り切れだったので新香盛合わせ（500円）を注文。こんなふうにオカズが多いときにはごはんにタレを掛けずにもらう。そのほうがおいしくいただけるし、あとでノドも渇かない。まずはシッポをそのまま一口。「おう、この味、この味！」――子どもの頃の懐かしのテイスト。粉山椒を振ると、このスパイスが実にユニークでインドカレーのカルダモンを偲ばせる。肝は入らぬ白髪ねぎの吸いもので一息ついて、ぬか漬の大根を噛めば、パリッパリの爽快感。

後日、1200円の（並）に肝焼きを付けてもらって、これもまた良し。夜は居酒屋風になるが、昼がおすすめ。6丁目の支店よりも、1丁目の本店を強く推す。

竹葉亭 銀座店

(ちくようていぎんざてん)

★★♥

銀座5-8-3
03-3571-0677
無休

仏もヨロコぶ鯛かぶと

いい店である。大好きだ。8丁目の本店はかしこまちゃって、という向きには絶対のおすすめ。1、2階に地下もあるが、入れ込みの座敷の2階の窓際が特等席。キメのデートに使われてもおかしくない。予約不可につき、映画のあとに早めの夕食なんてのが狙い目。

名にし負ううなぎの名店、うなぎがまずいワケがない。ボクはもっぱら1800円のコンパクトなうな丼一本ヤリ。これでじゅうぶん満足。鯛茶漬（1800円）も有名にして美味だ。胡麻だれをからめた真鯛の刺身に、ごはんがすすみにすすむ。ほとんどそれをおかずに食べてしまい、茶漬にするのは最後の1膳。ケレン味のないほうじ茶がうれしい。茶漬はだしではなく、茶に限る。まぐろ茶漬（1500円）が隠れた名品、鯛の上をいくかもしれない。ヘモグロビンの多いまぐろに熱いお茶を掛けると、酸味が立つので、こちらは茶漬のときにも別々に。

夜訪れるときは高級居酒屋のつもり。酒肴が充実しているから楽しみ倍増だ。刺盛りが混ぜわさびで来たのでお願いすると、気持ち良く本わさに替えてくれる。

この店のイチ推しは鯛かぶとの塩焼きと煮付け。いずれも900円ポッキリの価格破壊だ。こればっかりは親の葬式ほっぽりだしても食べなきゃ損。おみやにして後日墓前に供えれば、仏もニッコリの逸品なり。

【名店二百選】

鍋・おでん

鍋といえば真っ先に思いつくのがやはりふぐ。しかし銀座のふぐはコスト・パフォーマンスがあまりよろしくない。これが築地までちょいと足を延ばした途端に、高級店・大衆店ともにグンと選択肢が拡がってくる。ふぐはよその街に出向いたほうが賢明だが、「治郎長」だけは外せなかった。

その点、銀座のおでんは粒揃い。関東系・関西系、入り乱れて東西対抗の様相を呈する。東京の旨いおでんは銀座に集中していると言っても過言ではない。「やす幸」、「お多幸」、それぞれの本店のあったビルが目下工事中、復活が楽しみだ。木枯らしの季節におでんが恋しくなるのは熱燗との相性が抜群だからでしょうね。

治郎長

（じろちょう）

★❤
銀座5-9-18
03-3571-3819
土日祝休

銀座のふぐはこの店で

三原小路の知られざる名店。目下真向かいにハナレを増設中で、そのせいか玄関周りが雑然としているが、そのうち整頓してくれることでしょう。

3月の第2週、もはや名残りのふぐコースをいただきに。冬の間はふぐ一本勝負、他のサカナに浮気していると、中途半端な仕入れになって真っ当なふぐを確保できないそうだ。あと1週間もすれば、上りがつおに桜鯛が客の舌を喜ばせてくれよう。

厚め長めに引かれたふぐ刺しは絵皿の模様に霞をかけるかの如く。1枚ずつ口に運んでも旨みはじゅうぶん、2枚3枚まとめ取りの無作法をけっして許さないところがなんとも粋である。丁寧に炭火で焙られたひれ酒も格別の香ばしさ。吸いものを挟んで登場したふぐちりの上身《じょうみ》をホクホクとお上品に堪能したならば、アラには豪快にむしゃぶりついて味わい尽くす。ふぐのエキスが染み込んだ雑炊も残さず平らげ、大粒のいちご2粒でゲームセット。

切盛りするのはオンナ三人衆。二代目兼女将、その娘さん（将来の三代目）、そして先代から仕えるオバちゃんだ。創業五十有余年、調子のいい日は卒寿を越えた御大が包丁を握ることもあるそうだから、出くわした客は幸運だ。10年前に雑誌で紹介された二代目の写真に目が覚めた。緋牡丹お竜の藤純子も真っ青のオンナっぷり。粋な和服の着こなしに、三代目の成長をダブらせつつのお勘定は2人で5万円也。

江戸源
（えどげん）

銀座7-2-10
03-3571-1467
土日祝休　夜のみ営業

おでんの前に昆布〆めを

数寄屋通りを新橋に向かって2ブロックも歩いて行くと、右側に仕舞屋風の二階屋が現れる。通りに面した角地なので隠れ家とは言えないが、穴場といえば穴場。おでんと季節料理の店である。

6人も座ればいっぱいのカウンターと、2組くらいなら相席しても気にならない程度のテーブルが1つ、1階が満席になったら、あとは2階に上がることになる。メインがおでんだからカウンターに陣取るに越したことはない。ところがテーブル席には意外な楽しみが待っている。もう80歳をいくつか越えたろう、この店の名物お婆ちゃんが話し相手をつとめてくれて、庶民的な店の雰囲気とえも言われぬコーディネート。「むかしゃ、このあたりゃ新橋の花街でね、そりゃあ賑やかだったもんヨ」——耳を傾けながらの手酌酒は実にいいものだ。

ザッと品書きに目を通して、おでんの前にひげ鱈の昆布〆め（１１００円）と竹の子の天ぷら（７００円）を。おでん鍋を見張っていた板前さんがスッと奥に消えること数分、ひげ鱈がおろし立てのわさびとともに登場した。この瞬間、この店ののれんをくぐって大正解と誰もが実感するハズだ。ひらめ刺し・〆めさば・牛わさび、いずれもケッコウ。おでんはあっさりとした、関東と関西の中間風。こんにゃく・豆腐・大根（ほとんど１５０円均一）がほのぼのとした味わい。牛すじはあってもサカナのすじはない。昭和30年創業の佳店。

ぎんざ 力

（ぎんざ りき）

★
銀座7-6-4
03-5568-2223
日祝休　夜のみ営業

くじらに まっしぐら

１月も末、１年のうちでもっとも寒い時期であった。それでもビールをあおってから、美の川の熱燗。突きだしの3点盛りは、くわいチップ・数の子入り松前漬・ひらめときゅうりのうの花和え。いずれも手抜かりのない優れた酒肴に燗酒のピッチも上がる。めじまぐろの刺身（１２００円）はめじ本体に注文のつけようもないが、ニセわさびがあまりにも惜しい。サロマ湖産の小ぶりな酢がき（１０００円）はデリケートな旨み。鯨畝須《うねす》のベーコン（１５００円）がすばらしい。現在東京で味わうことのできる最上質のものといっていい。しかも貴重な逸品にこの値段は破格だ。ぜひ試してほしい。ここで、35度の米焼酎・五代のロックに切り替えて、お目当ての土手焼き（５００円）。焼きと名乗ってはいるものの、れっきとした牛スジの味噌煮込みで、大阪の通天閣界隈が本場だ。トロリと煮込まれたのをパクリとやれば口中にコク味が拡がって誰もが笑顔。

　さて、おでん。＊つみれ・＊飛竜頭《ひりょうず》・こんにゃく・＊湯葉・＊鯨すじ・＊鯨さえずり・＊トマト・ロールキャベツ・＊海老天。例によって＊印が特筆で、本日のベストは鯨さえずり。鯨の舌なのだがフワっとした食感がコシの強い油揚げみたいで旨味タップリ。可愛らしさに魅かれて豆たんむすびで締めてみたが、ここはごはんにでんつゆを掛けるぶっかけにすりゃよかったっと後悔。

やす幸
七丁目店
(やすこうななちょうめてん)

★★
銀座7-8-14
03-3571-0621
無休　16時より営業

変わらぬ味の七丁目

5丁目のただ今建替え中のビルにあった本店に最後に伺ったのは2001年10月。スーパードライ、黒松白鹿の燗、吉四六のロックと飲みものを変えながら、酒肴とおでんを堪能して帰ってきた。ちなみに酒と焼酎はそれぞれ右記の1種類のみ。焼き松茸にすだちを搾り、〆めの浅い〆めさばをつまんでから、おでん。片っ端から食べ進む。すじ・*豆腐・こんにゃく・湯葉・わかめ・三串(いか・海老・ごぼう)・ふくろ・チンゲン菜・*つみれ・厚揚げ・いいだこ・*キャベツ巻・*大玉。お替わりするたびに、澄み切ったつゆを惜しげもなく差し替えてくれるのがなによりだ。すじは白身魚のすり身とさめの軟骨が主体。豆腐・厚揚げにはタップリのさらしねぎ。つみれはこの店のベストと言い切って異論あるまい。自然の甘みのキャベツ巻に、デッカい揚げボールの大玉は、玉ねぎのツブツブ感が歯に舌に快い。締めは茶めし・新香盛り・緑茶の3点セット。これで1人1万強は、おでんとしては少々お高い。しかしフツフツと湧き上がる満足感に、文句を言うものあらざりき。

さて現在営業中の七丁目店。スペインの天才料理人と謳われるフェラン・アドリアも訪れたという有楽町の串揚げ屋「我楽路」を軽めに仕上げたあとで訪れた。ねぎまもつみれも大玉も、旧本店とマッタク変わるところがないおいしさを再確認。支店展開も数を絞れば奏効するもんですね。

四季のおでん

(しきのおでん)

★
銀座8-6-8
03-3289-0221
日祝休　夜のみ営業

牛すじはアキレス腱

　今世紀最初の夏が終りを告げようとする頃、銀座店をオープンした。おでんの季節到来の時期にアジャストしたのだろう。本店は大阪の心斎橋にある人気店。

　カウンター12席のみで、立て混む店ながら1人フラリと立ち寄って、すんなり2回とも座れた。初回にお燗でやった熊本の香露がこの店のおでんにピッタリだったが、その後はトンと見掛けない。それからは西の関の燗を1本空けてから、芋焼酎の心水《もとみ》をロックでやっている。おでんのほかは、花わさびのひたし、新香盛合わせに、でんつゆをブッカケてサラサラッといく四季茶漬があるくらいのものだ。本来おでん屋たるもの酒肴は数品にとどめるべきで、むやみやたらに値の張る刺身をすすめては、売上げ倍増を画策する6丁目の「おぐ羅」など、この店のスタッフの爪のアカでも煎じて飲んだらいい。ついでにもう1軒、おでんのほかには何もない本郷追分は東大前の「呑喜」の潔さを少しは見習い給え。

　この店の好物を列挙しておきたい。たこ・つみれ・はまぐり・玉子・さえずり・鴨ねぎ・牛すじ。中でも鴨肉がとてもソフトな鴨ねぎと、牛のアキレス腱だけをポン酢で食べる牛すじが甲乙つけがたい。さえずりはすぐ近所の「ぎんざ　力」に一歩譲る。あちらのように鯨と相性のいい水菜を添えてくれるとうれしいのだが。

かめ幸
(かめこう)

銀座4-10-6　銀料ビル B-1
03-3541-6261
日休　夜のみ営業

必食科目は茶めしと味噌汁

いかにも東京のおでん。品はないが実がある。いつ行っても必ず頼むのは、豆腐・白滝・すじ・つみれ。あとはその夜の気分で、はんぺん・ごぼ巻き・焼き竹輪といったところ。おでんも旨いが、この店は何てったって茶めしとなめこの味噌汁（セットで５００円）の強力コンビ。これがイチ推しです。酒肴のこのわた、赤なまこ酢あたりはいいけれど、まぐろ赤身やかんぱちなどの刺身はおすすめしない。わさびがニセでは魅力に乏しいからだ。おでんの友の燗酒は菊正よりも富翁がピタリとキマった。

お多幸 八丁目店
(おたこうはっちょうめてん)

銀座8-6-19
03-3571-0751　日休、5月の連休と海の日休　夜のみ営業

ときにはお店の見計らい

大正13年創業。震災の翌年である。ビルの立替えにともない本店が日本橋に移転した。現在銀座にはこの八丁目店のみ、すぐ近くの高架下に新橋店がある。支店によっておでんの味が微妙に異なるものの、関東風の濃い味付けであることは変わらない。ここのつゆは新橋店よりやや甘め。いつもは白滝・つみれ・ちくわぶなど好きなタネを注文するが、ある日ふと思って店側の見計らい1人前（８００円）をお願いしてみると、豆腐・ちくわ・串団子・信田巻きの組合わせで登場した。

【名店二百選】

とり
牛肉
くじら

おでんに引き続き、うれしいことに焼き鳥も優秀店揃いである。牛・豚の臓物を使うもつ焼きには新宿思い出横丁が本家の「ささもと」でしか出会えないのが残念だが、鳥に不自由はしない。もっとももつ焼きファンは有楽町のガード下に出向けばそれで済むことだ。銀座の焼き鳥は、ともに路地裏にひそむ「鳥長」、「鳥半」が二大巨頭。数寄屋橋は某有名すし店の隣りの超有名店など足元にも及ばず、馬群ならぬ、鳥群に消えて二百選からサヨウナラ。憂うべきかフード・ジャーナリストは真実を伝えていない。

牛肉は「岡半」が健在だがバブル期に賑わったステーキ・鉄板焼き専門店は押しなべて苦しい経営を強いられているようだ。大阪から上京した「弘漁丸」ではホンモノのくじらが食べられる。

鳥長
（とりちょう）

★★
銀座8-6-22
03-3571-4650
土日祝休　夜のみ営業

銀座の焼き鳥——東の横綱

「鳥半」と比較して甲乙付けがたいが、こちらを東の横綱としておこう。当然あちらが西の横綱と言いたいところだが、あえてＷＢＡバンタム級チャンピオンとしたい。焼き鳥とがっぷり四つに組んでみたいのなら「鳥長」。焼き鳥と軽くスパーリングの手合わせをしたいときには「鳥半」。感覚的にはそんなふうだ。ちなみにバンタムって英語はニワトリのチャボのことです。

焼き鳥としてはけっして安くはない。しかしカウンターの大皿に並べられた強力なラインナップを食べ進み、舌鼓を打つころには納得していただけるだろう。予算は2人で1万5000円ほど。この店を教えてくれたバー「A」のT田チーフ、ありがとさん。今度ご馳走するネ。

お好みでも食べられるのがうれしいが、最初のつくね2本だけはお通し替わり。酢醤油を垂らした大根おろしを脇に、さっそく焼いてもらう。＊背肝・しいたけ・＊ねぎま・銀杏・＊心臓・鴨胸肉・＊砂肝・＊うずら玉子・＊ればば。＊印が超うまモノ。脂っこいのが好きな方には手羽先と皮もある。本わさびで食べる刺盛り（ささみ・砂肝・心臓・ればば）は未だこれより上を知らない。味噌仕立て（極めて珍しい）の鳥スープも絶品だ。

明治28年、銀座2丁目で開業。戦局の悪化につれて鳥肉の代替品として鳩や蛙をあてがわれ、これではイカンと一時閉店。昭和23年、再び銀座にのれんを掲げた。

鳥半
（とりはん）

★♥

銀座6-6-19
03-3571-4509
土日祝休　夜のみ営業

流れるような15品

裏路地にひっそりと赤ちょうちん。いいネ、いいネ、いいですネェ。いいのは外見ばかりじゃない。いっときも手の休まらない店主は律義・丁重・几帳面。接客は女将さんだろうか、気のさくい女性で、見たとこお二人はご夫婦のようだ。時計が19時を回るともう1人、お手伝いの女性が現れてエプロンを掛ける。

全15品のフルコース（3500円）一本勝負。携帯に便利な小ジャレた品書きが愛らしい。詳細に紹介してみる。

①大根・きゅうり・ピーマンの千切りサラダ ②つくねT ③うずら玉子 ④◎砂肝 ⑤◎正肉（ピーマンとねぎ）T ⑥鳥わさ ⑦しいたけ ⑧相鴨（ねぎ）⑨ささみM ⑩冷し玉子 ⑪手羽先 ⑫皮 ⑬◎レバー（ハツ）⑭銀杏 ⑮鳥スープ（白髪ねぎ）

◎がベスト・スリー。カッコ内はそれぞれの串の脇役たちだ。焼きものの語尾にTとあるのはたれ焼き、Mは味噌焼き、無印が塩焼き。以上の品々が絶妙の間合いで登場する。所要時間は1時間とちょっと。苦手をパスすると割引き、ほかのものに差替えると割増し、明快この上ない。あとは追加の焼きものとお茶漬、新香のみ。1名から6名までが入店でき、予約は受けないが、空席状況を確認する電話は受け付ける。

注文はただ1点。鳥わさ、冷し玉子に使われるニセわさび。改善されたら二ツ星も夢ではない。

武ちゃん
(たけちゃん)

★♥

銀座4-8-13
03-3561-6889
日祝休　夜のみ営業

イナすつもりがハマリ込む

安さ旨さに拍手。2丁目の「秩父錦」で下地ができていたから、軽く数本のつもりがコース2200円と聞いて思わず注文。われながら浅ましい。おろしと小サラダにエシャレットが1本、あとは焼き上がりを待つばかり。トップバッターはささみわさ。レアに焼かれたささみの上にタップリの本わさび、しかもおろし立て。オカゲで安さ旨さにエラさが加わった。つくね・レバ・もも・手羽など全9本。頃合いを見計らって鳥スープも登場。サクッとやるハズが、気がつけば雀焼きまで追加しておりました。

鳥政
(とりまさ)

銀座4-8-13
03-3561-5767
日祝休　夜のみ営業

串に刺された焼きおにぎり

「武ちゃん」のお隣り。住所は同じ。剣菱の燗をお願いして、お好みで1本ずつ焼いてもらう。つぼ(お尻)・合鴨心臓・血肝・*背肝・しいたけ・正肉・*首肉・つくねとねぎ。うずらの玉子を落としたおろし、大根が旨い新香盛合わせ。最後に鳥スープと、きりたんぽに見まがうばかりの串刺しの焼きおにぎり。ちび心と呼ばれるハツを食べそこねたが、それはまた次回にしよう。これで3000円でオツリが来た。しいたけやスープ、あるいは新香のときに感じてしまう化学調味料を控えてくれれば、一ツ星。

岡半 本店

(おかはんほんてん)

★ ❤

銀座7-6-16　金田中ビル7・8F
03-3571-1417
日祝休

舌は喜び フトコロ痛む

新橋演舞場前の高級料亭「金田中」の姉妹店。同じビル内に、本家よりも敷居の低い「金田中庵」がある。「岡半」の女将曰く「当店を金田中庵の牛肉部門とお考えください」とのこと。この女将のハナシがなかなかに面白い。

たまには焼肉以外のまともな牛肉を喰おうぜ、ということで、大枚をはたく決心をした男ばかり6人で出掛けた。7階ではしゃぶしゃぶ・寿喜焼(この店ではすき焼きをこう表記する)・網焼・炒り焼(オイル焼)が、8階ではステーキ・鉄板焼・炭火焼が楽しめる。その夜は7階へ。せっかくだからゼイタクしちまおうと、階下の「金田中庵」から、お造りの盛合わせを取り寄せる。牛肉だけでなく、こういう芸当のできるところが老舗の強みだ。ひらめ・すみいか・かつお、3種ともに花マル(後日取り寄せたときには失望)。さて、松阪ビーフだ。まずしゃぶしゃぶを4人前。「おう、焼肉とはベツモノだな」――「うん、肉がダンチだもんね」――ワケの判らんやり取りの合間にも一同舌鼓。続いて寿喜焼も4人前。牝牛の乳房の脂で焼き、割下は使わぬこのすき焼きが圧巻。こぞってこちらに軍配を上げる。ごはん・新香・赤だしにも満足して、お1人様3万5000円(白・赤ワイン、席料、税・サ込み)。舌が喜んだあとにフトコロが痛む。後日、網焼と炒り焼をやっつけたときにゃ、フトコロが悲鳴をあげました。

PENTHOUSE
（ペントハウス）

銀座8-5-9　民友ビル2F
03-3572-5550
土日祝休　夜のみ営業

ステーキ一筋三十年

33年前に開店して以来、ずっとビルの2階のこの場所、この内装。初老に差し掛かったご夫婦2人きりの二人三脚で切盛りしてきた。階下は創業60年にならんとする中華料理の老舗「新雅」でビル・オーナーらしいから「PENTHOUSE」の大家さんということかな。向かいの「コージーコーナー」の店頭に立ってこの店の窓を見上げると、ガラス越しにボンヤリと店内が浮かび上がる。レトロと呼ぶか時代遅れと言うか、いずれにしろ古き良き銀座の懐かしい一コマに相違なく、道すがら一見の価値はあろう。

牛刺し・サラダ・ステーキに、バゲット&バター or ライスと味噌汁とたくあん。メニューはこれだけだ。牛肉は刺身もステーキもサーロイン一辺倒。クレソンを添えた牛刺しはにんにく醤油とフレンチ・マスタードでいただく。大鉢で来るトマト・きゅうり・レタスのサラダのドレッシングは甘さを抑えたサウザンド・アイランズ。ステーキは焼き方と同時にその日の腹具合に従って大き目・小さ目を伝えればそれで済むアバウトさ。フライドポテトと再びクレソンがタップリと盛付けられて、栄養バランスにも優れている。「フランス料理は堅苦しいし、なんたってステーキが最高！」――こういう方にはおすすめなのだが、後日、この店が会員制であったことが判明。友人に予約を入れてもらい、迂闊にも気づかなかった。お店・読者双方にご迷惑さまでした。ごめんなさい。

タバーン Chaco

（たばーん ちゃこ）

銀座4-13-1
03-3543-4373　日祝、第2土曜休
土曜は昼のみ営業

レアでもイケるハンバーグ

「ぶらっと会席」を謳う店だが、ロブスターとステーキがウリモノのレストランで、あとは数種類の前菜に、スープ・サラダ・デザートくらいのもの、夜も割安だがランチタイムの利用価値が高い。炭火でじっくりと焼かれるステーキはリブアイかテンダーロイン（ヒレ）。ランチセットは、サラダ、バゲットorライス、デザート、コーヒーor紅茶といった内容で、それぞれ１５０ｇサイズだと、リブが１６００円、ヒレが３０００円。ガルニテュールも手抜きなく、にんじん・コーン・絹さや・ポテトが勢揃いして、パセリバターと和風ソースでいただく。

ランチをすすめる理由はもう一つ、ハンバーグが楽しめるからだ。油でソテーしないため、しつこさがなく、それでいて炭火特有の香ばしさが際立ち、レアでもじゅうぶんイケる。１５０ｇのセットで１１００円はお昼の人気メニューだ。サラダにそれなりのボリュームがあり、デザートも付くので、ものたりなさはないが男性には２００ｇがいいかもしれない。炊き立て、つやつや、やや硬めのライスのおいしさは特筆もの。バゲットはガーリック・ブレッドにもしてもらえる。ご夫婦だろうか、店主はキッチンで炭火と格闘、マダムはフロアでサービス担当。マスコミ露出度ゼロの一風変わった店に流れるＢＧＭは常にオールディーズのアメリカン・ポップスだ。すでに閉店。宝石店が同じ場所に。

弘漁丸

（こうりょうまる）

★♥
銀座8-5-4　マジソンビル B1
03-5537-1070　年末年始・5月の連休・お盆休　夜のみ営業

アメリカなんて大嫌い

本店は大阪の難波。北新地にも支店がある。紀伊半島の南端、潮岬にほど近い捕鯨の町・太地《たいじ》から運ばれるホンモノの鯨を味わうことができる。食卓を飾るのはミンク鯨。東京の渋谷界隈にも専門店があるが、モノがマッタク違う。当然それなりの出費は覚悟して出掛けていただきたい。

鯨とは相性のいい焼酎のロックを片手にいろいろいただいた。焼酎は麦が夢想仙楽と弘漁丸、芋は黄麹蔵。並々と注がれて800〜1000円。美人の若女将からすすめられた白皮入りの鯨豆腐（1600円）はクセのないぶん個性も薄く万人向け。5000円のお造り盛合わせは、さえずり・畝須・白皮・ベーコン。すべて質が高い。これに加えて、清水の舞台から飛び降りたつもり、最上級の尾の身を2切れ。なんとこいつが1切れ5000円ときたもんだ。トホホ、つくづくアホなアメリカを恨みたい。戦後の日本の食糧難に米国本土でダブついた小麦粉と脱脂粉乳を敗戦国にオッツケてパン給食を強制し、いくらチビの日本人でも蛋白質を与えにゃならぬと、竜田揚げを奨励したのはどこの誰だい⁉

テキサスで石油が出る前、鯨油欲しさにさんざん鯨を殺してきたのもオタクじゃないか。何を今さら捕鯨禁止などと。いかん、グチを言ってる場合ではない。くだんの竜田揚げ（2800円）は給食のはるか上をいき、水菜と炊いたハリハリ鍋も最高水準に達していました。

【名店二百選】

和食・食堂

和食はさすがにレベルが高い。昼はオバ様族が、夜には社用族と同伴カップルが占有する店が目立つ。ランチタイムにお食べ得メニューを提供するところでは目ざといOL嬢が群生している。彼女たちの舌はけしてシャープではないが、コスト意識はかなりシビアで、その手の優良店を探り当てる嗅覚は鋭い。

ここ数年、耳にすることしきりの創作料理にはどうしても違和感を抱いてしまう。実力を伴わぬ名ばかりの店のなんと多いことよ。基本なくして何の創作、芸術家気取りがちゃんちゃらおかしい。

銀座での庶民的な食堂経営はきびしいものがあろう。家賃の安いオヤジたちの街、神田・新橋のようなワケにはいかない。東芝ビル地下に2軒並ぶカウンター席のみの「きっど」と「SHIZU」。食堂・定食屋の未来の姿を示唆している。

本店浜作

（ほんてんはまさく）

★★♥

銀座7-7-4
03-3571-2031
日祝休

文士も愛した関西割烹

大好きな1軒である。ホームページによれば、大正13年に大阪で開業。なんと今年で創業80周年。当時からオープンキッチンを取り入れていて、銀座進出は昭和3年。この店を贔屓にした作家たちの顔ぶれがスゴい。永井荷風とお互いに心底リスペクトし合った谷崎潤一郎、荷風がゴキブリのごとく忌み嫌った菊池寛。ほかにも大佛次郎、志賀直哉と枚挙にいとまがないけれど、夜な夜な銀座に出没した荷風自身が来店した形跡はない。しかしボクが想像するに、1度や2度は谷崎に招待されたのではないだろうか。

会食や接待には階上の座敷をおすすめするが、この店の特等席は断然1階のカウンター。せっかくオープンにして調理場を見てくれと言うんだから、見せてもらいましょうよ。カウンターにはフラリ1人で現れる常連客が多い。自腹か社費（およそ1人2万円）かは量りかねるが、ひとかどの地位を確立された方々とお見受けする。先日は元スパイダーズのムッシュがボクの隣でかれいの唐揚げに舌鼓を打っていた。

見つくろいのお造りは、うす造りのおこぜとその肝、ひらめ昆布〆め、赤貝とそのひも、活け車海老の陣容で非の打ち所なし。おこぜのエッジの唐揚げ、かれい煮おろし、ずわい蟹、いずれもがすばらしい。気さくな店主との会話も楽しい。面倒見のいいお婆ちゃん（大女将）、お運びを始めたばかりの可愛い娘さん、ファミリー・ビジネスってホントにいいもんです。

花辰亭

（かしんてい）

★♥
銀座7-17-8
03-6226-5466
日祝休

思わずニッコリ おろし立て

今はもう見ることができないが新国劇といえば新橋演舞場だった。そのすぐそばにあるこの店を散歩の途中でたまたま見とめた。有名な料亭「金田中」のはす向かいに目立たぬようにあった。

平日のランチに伊予鯛茶漬（１３００円）を。真鯛のスライスに合わせる胡麻だれは好みのタイプではなかったのだが本わさびが添えられていたのでお刺身ごはんの感覚でいただく。だし巻き玉子、小松菜としいたけの煮びたしが名脇役。

後日、やはり昼の定食の三津浜（１８００円）。これがなかなかの豪華版。お造りは、真鯛・すみいか・かんぱち。きすと野菜の天ぷら、とり肉と百合根の茶碗蒸しに、おひたし・お新香・味噌椀・ごはん。何たって硬めに炊かれたごはんがおいしいし、バラエティに富んだ料理の水準も高い。ただ一つの問題点は、前回の鯛茶漬に添えられた本わさびが今回はニセわさびになったこと。「たかがわさびに目クジラ立てなくても」――こういうセリフは友人たちに言われ続けてウン十年、もはや耳タコだ。毎度まいどでウンザリしている読者もおられよう。だがこれだけは譲れない。ビールと発泡酒、いや、それ以上にギャップが大きいのだから仕方がない。サービスの女性にその旨お願いすると、ちゃんとおろし立てを持って来てくれました。うれしくなって、ウラを返すのは夜にしようと決心した次第。われながら単純。

松島

（まつしま）

★♥
銀座6-10-12　陽栄銀座第3ビル B1
03-3572-8808
土日祝休　夜のみ営業

よくぞ見つけた銀座の隠れ家

基本的にはイチゲンさんお断り。ただし、この店に通じる全ての道が閉ざされているワケではない。キチンと氏素性を名乗って予約すれば、人情味の厚い福島出身の女将さんが受け入れてくれそうな気がする。御国訛りがユーモラスでいいヒトだ。「治郎長」のふぐのあと、ちょいと飲みたりずに、たまにゃシャンパーニュも悪かないと「シャンパンバー」に向かう途中だった。松坂屋の裏手にポツンと灯る小さな灯かりに目が留まる。地下への階段もなにやら意味ありげで探索せずにはいられない。くだんの女将と言葉を交わすうちにうちとけて、運良く翌日の予約を取り付けた。相変わらずのせっかちな性分だが「鉄は熱いうちに打て！」なのである。

カウンターあり、座敷あり、茶店風の椅子席個室もある。客層は一流会社のエグゼクティヴがほとんどで、昨日今日銀座で遊び始めた「お若いの」はまず見掛けない。こういうところはお仕着せのコース料理で責めてくるケースが多いのだが料理は全てアラカルト、経木に書かれた品書きがうれしく、どの皿も少量だから、いろいろ食べたい向きには好都合。おこぜ薄造り・本みる貝・関さばを盛合わせてもらう。みな質が高い。鯨ベーコン・白魚バラ揚げ・若竹煮・新じゃが煮と来て、白眉はさわらのカマの照焼きだった。酒は木曽の七笑、出身地に拘らずにいい酒を置いてくれていた。

福和好日
(ふくわこうじつ)
(旧・ふく和)

★
銀座5-5-11　塚本不動産ビル5F
03-3572-5290
不定休

精魂込めた豚角煮

大切な人の、大切な日に「祝いの膳」。こう謳う和食の店。冬の味覚・ふぐに軸足を置いているが、お造りや季節の野菜料理も安心して任せることができる。しかし、この店のイチ推しは夜ではなく、昼にある。

この店のスペシャリテ、手間ヒマ掛けた豚の角煮の噂はかねがね聞いていた。もちろんディナータイムでも頼めるが、なんといってもランチが狙い目。豚角煮定食（１０００円）に刺身がプラスされる豚角煮と刺身定食（１３００円）をお願いした。刺身はポーション小さめながられっきとした真鯛。ニセわさびが残念。小鉢が3品も添えられて、うの花・おひたし・にんじんのかき揚げ。このいずれもが手抜きのない丁寧なシゴトで絶好の箸休め。豆腐とキャベツとどういうワケか、かぶまで入った味噌汁もいいし、きゅうり・大根・キャベツをもみ込んだ浅漬もタップリ盛られてケッコウ。ごはんはボクには少々柔らかめなのだが、好みの方にはとても喜ばれそうだ。さて真打ちの角煮。念入りに下煮を施され、下味を付けられて竜田揚げにされたのがゴロンと2つ、太めの春雨と一緒にスープ煮となり、蓋付きの中鉢の中に収まっている。表面がトロリンとして中はシットリ、ホッコリ。格別の風味を満喫した。

ただこのお店、大切な人をお招きするにはあちこちのほころびを何とかしないと、と思っていたら、近所に移転して美しくリオープン。

金兵衛
（きんべえ）

★♥⏰
銀座1-6-16
03-3561-2034
土日祝休

銀座を見つめて六十年

日米開戦のちょうど1年前にこの地で開業した。銀座には珍しい木造平屋の日本家屋、奥にはハナレがあって宴会もこなしてくれる。

3月に入って寒さがぶり返し、夜風の冷たい小雨混じりの夜に伺った。玄関を入ってすぐ、四畳半ほどの日本間にくつろぐ。呑んべえ揃いのその夜のメンバー、それぞれに酒量はかなりのもの。カロリー過多は避けねばならじと、通常のコースより1品抜いた構成にしてもらった。酒は大関の辛丹波を冷酒でやる。その夜の季節料理は以下の通り。

お通し：あじ酢うの花和え
前菜：ゆで天豆、ふぐ唐揚げ
お椀：沢煮椀
刺身：ひらめ昆布〆め、めじまぐろ
焼き物：さわら胡麻焼き、ふきのとう煮
鍋物：鯨コロのハリハリ鍋
食事：鍋のつゆ掛けごはん or グリーンピースごはん
香の物：きゅうり、亀戸大根、あみ佃煮
水菓子：いちご

今ではそう珍しくもなくなった沢煮椀はこの店が元祖。この椀にかかせぬ豚の背脂と、ハリハリ鍋に使われる鯨のコロだけが動物性食材で、くしくもこの2品が白眉。炊き立てのごはんにじゅうぶんにだしの出たつゆを掛け回し、サラサラいただく至福のひととき。合いの手の亀戸大根も1度は味わいたいおいしさ。

やべ

銀座8-5-26
03-5568-3439
日祝休

オカズが楽しい和定食

ソニー通りは7丁目の「煙事《えんじ》」で久々に仙台牛のカレーライスでも食べるベエと出掛けてみたら、なんと夜だけの営業に変わっていた。それじゃもうちょいと足を延ばして銀座ナインの「はと屋」のハンバーグとナポリタンのセットにするベエと歩き始めたらいきなり、8丁目のこの店に遭遇したのだから何が幸いするか判らない。店先のメニュー・スタンドにはランチが4種類。焼き魚ごはん（１０００円）・天ぷら定食（１０００円）・鍋焼きうどん（１２００円）・和定食（１４００円）。

どことなく信用できそうな店構えに意を決してのれんをくぐる。入口近くに個室風の小部屋がいくつかあって奥がカウンター。おしぼりを使いながら訊ねると、焼き魚はさば塩焼き、和定食は松花堂スタイルのお弁当とのこと。いろいろ味わえる和定食でゆく。6個の小さな正方形に仕切られた1枚の陶器の皿に盛られたオカズの数々は次の如くであった。エスニック風小冷奴、真鯛とまぐろ赤身の刺身、温泉玉子、洋風牛肉の角煮と竹の子と麩の煮もの、かきフライとししとう素揚げ、マカロニサラダ。和洋折衷の品々はそれぞれ丁寧に作られてバランス感覚にも優れている。味噌椀も手抜かりなく、珍しくもごはんをお替わり（１００円）してしまった。ただ、温泉玉子は小鉢に入れてくれないと食べにくい。夜のおまかせは1万円、ふぐのコースは2万円より。出版後まもなく閉店。

吉宗
（よっそう）

★
銀座8-9-16　長崎センタービル B1
03-3572-7686
無休

OLキラーの夫婦蒸し

幕末に開業した長崎総本店は創業１４０年にならんとしている。初代店主が吉田宗吉さん、したがって屋号はよしむね、きっそうではなく、よっそうと発音する。銀座に進出したのが70年だから、郷土料理店のさきがけといっていい。

80年代の初めにはちょくちょく訪れた。男女合わせて4、5人のグループで利用することがほとんどだったのは、あれもこれもと食べたい料理が多かったのと、ここの茶碗蒸しが女性陣に絶大な人気を誇っていたからだ。神谷町のオフィスから歩ける距離の新橋界隈で焼き鳥というのが男性社員のお定まりのコースであったが、女性が加わると「吉宗コール」が湧き起こるのが常だった。海外勤務を終えて帰国した97年、友人たちに歓迎会を開いてもらったのもこの店だった。変わらぬ味にホッと一息、帰国を実感したのを覚えている。

この本のために久々に訪れたのは２００３年12月。辛子蓮根、とびうおすぼ巻、長崎明治屋ハム製の明太ウインナーなど郷土色豊かなものから攻めてゆく。太地《たいじ》港直送のごんどう鯨が入荷していて、その赤身を刺身（１３００円）とサイコロステーキ（１０００円）で。どちらも旨いが刺身に軍配。締めは名代の茶碗蒸しと小さめの皿うどんのサービスセット（１５００円）。茶碗蒸しに蒸しずしをセットした夫婦蒸し（１６００円）がこの名店の看板料理、これさえあればＯＬ殺すに刃物はいらぬ。

甍
(いらか)

★ ♥
銀座5-8-20　銀座コア B2
03-3574-1707
無休

くつがえされた先入観

あまり期待していなかったというよりも、むしろ敬遠していた一店。理由は二つ。第一に、店の前を通るたびに出入りしているのはオバ様たちのグループばかり。おカネもヒマも持ち合わせているシアワセな一団御用達の景色。これでは食指が動く道理がない。第二に、支店の出店先が渋谷・東急プラザ、新宿・新宿ルミネ、池袋・メトロポリタンプラザと繁華街のそれも不特定多数の人々がドッサリと集まるところばかりなのだ。料理の魅力で客を呼び寄せるのではなく、客の集結する場所に出向いてはからめとる戦略。一本釣りの代わりに、はえ縄でゴッソリといった印象が拭えず、ボクの最も嫌いなタイプの料飲店なのだ。とは言ったものの食わず嫌いはいけません。気は向かないが重い腰を上げました。それも色メガネをちゃんと外して。

週半ばの11時過ぎ、店内にはすでに数人のオバ様たち。さすがに商業ビル内の料理店は開店が早いし、客足も早い。3段重ねのお弁当・花ごよみの松（2400円）と南天（2000円）と名付けられた定食を2人でシェア。花ごよみはニセわさびながら小さなお造りのまぐろ赤身とすみいかがなかなか。目鯛西京漬、炊き合わせもいいお味。南天は主菜が天ぷらか焼きもののチョイスで、選んだ天ぷらの内容は海老・はぜ・ふきのとうなど。ごはんが最高で、軽めの盛りながら2回お替わりしてしまった。偏見が植え付ける先入観は捨てなきゃね。

徳
(とく)

★

銀座8-6-22-2F　03-3571-4210
日祝、7～9月の土曜休　夜のみ営業（土曜は16時半～19時半）

たことさざえの噛みくらべ

路地裏に佇む焼き鳥の名店「鳥長」のすぐそばの2階。イチゲンでは二の足を踏むロケーションに銀座じゃ、ちったあ名の知られたお兄イさんも、やすやすとはのれんをくぐれまい。この店もクラブ「L・J」のM子嬢に教わった。こういう場所はまさしく「蛇の道はヘビ」である。

とある水曜日の夜、アテもなく西銀座に出掛け、行き当たりバッタリで店に飛び込むもののどこもいっぱい。どうやら景気回復もホンモノらしい。小泉の純ちゃんも、ほくそ笑んでいるこったろう。「きく」、「魚治はら田」、「鮨処さかい」と立て続けにリジェクトされて、一縷の望みにすがって階段を上るとカウンターの端っこに2席空いていた。突きだしはゆでたたこを胡椒塩で。前菜に煮こごり・いかなご・牛肉とふきのとうの佃煮。刺身は真鯛の昆布〆めとひらめ、厚め大きめの量もタップリ。ここでワインの持ち込みOKと聞き、急ぎすぐそばの信濃屋でピエモンテの赤を買い求める。合わせた房州大原産の特大さざえの壷焼きが本日のベスト。お次はいいだこと新竹の子の炊き合わせ。これも旨いが、なにやらコリコリと硬い料理ばかりが続いてお年寄りは避けたほうが賢明。お腹もくちくなっての途中下車は、おこぜの丸揚げ、うにめしにはたどり着けずのお1人様1万円弱。アラカルトはなく、コースを行けるとこまで行くシステム。並木通りから明かり取りの窓越しに、店主の活躍ぶりが垣間見えたりもする。

浜石

（はまいし）

銀座8-12-5
03-3543-2836
日祝・土昼休

一番人気は穴子の天とじ

　松坂屋の脇にあった支店をたたんで本店だけになった。銀座のはずれのロケーションはちょいと分が悪い。目の前は旧銀座第一ホテルの跡地で、目下再開発の真っ最中だ。

　昼どき、オープンキッチンのカウンター席は偶然かもしれないが、単独の男性客がやたらに目立つ。穴子玉子とじ丼（１２００円）が一番人気。穴子丸一本を油で揚げてから丼つゆで煮立て、それを玉子でとじる、いわゆる天とじ丼だ。下に敷いたうどが香り高い。難を言えば、ときとして味が濃かったり、つゆだくになったりすること。より一層の安定感を求めたい。浜石特製ごま風味丼（１２００円）はかれいやふっこなどの白身魚のそぎ切りにごまだれがからんで本わさびがツンと香る。個人的にはこちらのほうが好みだ。5丁目店では９５０円だったのを値上げしたかわりに、一つだった小鉢が三つに増えた。

　ほとんどの客がドンブリものを注文しているが、おすすめは季節の御膳（１５００円）。ある日のそれは白魚の天ぷら、鰆の塩焼き、くらげときゅうりの白和え、冷やし鉢（小なす・蓮根・かぼちゃ・小松菜）、ずわい蟹の脚肉、白滝のたら子和えなどに、味噌椀とお新香。なめこ・豆腐・みつばの味噌椀が上デキでごはんもとてもおいしい。

　初回はランチタイムに訪れ、相性を確認したら、夜にウラを返したい。

いまむら

★★
銀座4-3-2　清水ビル B1
03-3564-3237
日祝休　土曜は予約制　夜のみ営業

だしの持つ底力

　今までに池波正太郎氏との関わりは紹介され尽くしてきたので、敢えてここではふれない（と言いつつもふれちゃったか）。素にして朴なご亭主がひたすらシゴトに打ち込み、何事にも控えめなご内儀が夫をアシストしながらサービスを担当、夫婦2人きりでの切盛りだ。様子を拝見していると、ここかしこに人柄が滲み出て、「ああ、池波さんは心からこのご夫婦をいつくしまれたんだなぁ」——容易に想像がついてしまう。

　土曜の夜に予約を入れての来店。料理は1万円のコースのみで、これがお値打ち。

前菜：さよりみぞれ和え、うるい白和え
椀：白魚かき玉椀
刺身：真鯛・平貝・かつおたたき
焼き物：桜鱒西京漬
揚げ物：稚あまご新挽き粉揚げ
炊き物：鯛子・ふき・新竹の子
蒸し物：海胆入り百合根饅頭
食事：切り海苔入り温茶そば
水菓子：いちご

マッタクもって穴がない。しいて挙げれば、初がつおの背身を使ったたたきに本わさびだけでなく、おろししょうがも欲しかった。だしが蓄える底力すさまじいお椀は白眉。さらにそのだしをそれぞれの素材に含ませつくした炊き合わせがすばらしい。無条件に光り輝く二ツ星。

三亀
（さんかめ）

★
銀座6-4-13
03-3571-0573
日祝休

「失楽園」の小料理屋

改装のため、有楽町のガード沿いで仮営業中に1度だけおジャマしたことがある。刺身・焼きもの、とにかくサカナが旨い。渡辺淳一の『失楽園』に実名は伏せられているが、数寄屋通りの小料理屋として登場。久しぶりにランチをいただきに赴く。ＡＢ択一の１７５０円の定食は、めじまぐろの刺身（背身3切、腹身2切に本わさ）のほかに、Ａが鮭の塩焼き、Ｂはなすの鳥そぼろあんかけがそれぞれ付く。Ａをお願いして満足の満腹。話好きのオヤジさんは山形のさくらんぼ泥棒に憤慨することしきりであった。

氣楽
（きらく）

★
銀座5-7-19　フォーリービル5F
03-3574-6861
無休

おすすめのおすすめ御膳

おすすめは文字通り「本日のおすすめ御膳」（２０００円）。このランチタイムのみの献立を試さぬ手はない。刺身―ひらめ・すみいか・中とろ。焼きもの―ぶり照焼き。揚げもの―かきフライ。焼き麩と水菜の赤だし、新香、ごはん、オレンジムース。もちろん日によって変わるがバランスに優れ、銀座のランチとしてはベスト5に数えたい。ナマモノの質高く、かきフライにはおろしポン酢を添えてきた。ごはんもよく炊けているし、赤だしは特筆。ただ1点、ニセわさびが画竜点睛を欠く。惜しいかな。

銀座 あさみ

★

銀座8-16-6
03-5565-1606
日祝休

1度は食べたい鯛茶漬

訪れたのは2度。ともに平日の昼であった。いつもランチでいただける鯛茶漬（1500円）が初回。1人ポツンとカウンターに居座ると、おそらく「京味」出身の店主だろう、立派な活けの真鯛をさばいている真っ最中。待つこと10分、その間予約なしで来店した客が席を確保できずに相当数引き返すことに。歌舞伎座の南、演舞場に近い旧木挽町界隈は花柳界としてはいくぶん色褪せ気味、それでも和食に限るとかなりの水準をキープしている店も少なくはないのである。

さて、鯛茶漬。天然ものだろうか、活け〆め後の硬直も解けやらぬ身肉はプリプリ、ほんのり穏やかな甘みすら舌に残す。熱い煎茶を掛け回してお茶漬にする余裕もあらばこそ、あらかたお刺身ごはんで平らげてしまう。あわててすぐき、べったらともども最後の2切れでサラサラッと追いかける。小鉢の薄揚げと水菜の煮びたしの味加減もよろしい。

2度目は前日までの予約で受け付ける縁高弁当（2500円）。やはりこちらも真鯛のお造りともずく酢で始まった。そして満艦飾のお弁当。ゆで車海老・揚げ銀杏・衣被《きぬかつ》ぎ・だし巻玉子・鰆味噌漬・さんま煮付け・蟹しそ巻揚げ・山桃シロップ煮などなど。加えてじゃこごはんと玉子豆腐の吸いもの。笹巻麩まんじゅうまで終始一貫おいしかった。

吉兆
ホテル西洋店
（きっちょうほてるせいようてん）

★♥
銀座1-11-2　ホテル西洋銀座 B1
03-3535-1177
無休

料理にうなり勘定にうめく

旧木挽町（現8丁目）の東京本店、帝国ホテル店に次ぐ東京の第3号店。本店は京都の嵐山にあり、夜に赴けば料理だけで4万円から。東京本店はイチゲンさんお断りと、敷居が高い。その点このホテル西洋店は2万5000円ほどでおまかせを味わうことができる上、アラカルトもOKと使い勝手がいい。とは言ってもそこは天下の「吉兆」、覚悟して臨まれたい。

その日のランチは大森にある「昭和史発掘」的マボロシのデパート・ダイシン百貨店のファミリー食堂でナポリタン。極上の和食を味わう前の下準備としては、われながら完璧。

期待に胸をふくらませ、アラカルトでキック・オフ。日本酒はオリジナルの吉兆貞翁、ワインはボトルを回避してグラスで白・赤取り混ぜる。中にはアンジェロ・ガヤのスペルス'96年（2500円）などもあり、調子に乗るとあとがコワい。春の魚貝の富貴寄せ・鯛白子焼き・＊蛤うしお・伊勢海老しんじょ椀・造り（さより・＊真鯛・赤身・中とろ）・＊稚鮎焼揚げ・＊焼きすっぽん・＊前沢牛ローストビーフ。にぎりずしもあるというので、赤貝・車海老・穴子・大とろ。う〜む、料理はすばらしいが餅は餅屋、にぎりは一流すし屋のレベルに遠く及ばない。そして恐る恐るのぞいたお勘定はというと、2人で7万8000円、再びう〜む、ホテルの和食は新宿パークハイアットの「梢」に限りますわ。

和久多
（わくた）

★

銀座7-8-16　サンライズビル2F
03-6215-8018
日祝休　土曜は夜のみ営業

銀座で指折り縁高弁当

オープンして1年たらず。このビルの2階に新店がオープンしたのは知っていた。ある日ランチタイムにビルの前を通りかかると、女将さんだろうか、路上で声を掛けられた。物事にはタイミングというものがある。これも何かのご縁、素直にエスコートをお任せした。

縁高弁当が2種類あってスタンダードが2000円。これにお造り・お椀が付くと3500円。店側では並だの上だの下世話な呼称は使わない。鮮魚のレベルをチェックするためにも造り・椀付きをお願い。先付に大根とわかめのサラダ、というより酢のものが来る。新じゃがを使った肉じゃがを挟んで、造りは帆立のおぼろ和え。帆立1種のみとはかなり強烈な肩透かしなのだが、とてもいいデキだったから文句の付けようがない。ボリュームのあるかき玉椀が続き、いよいよお弁当。さすがに真打ちは彩りもよろしく、かなりの豪華版。花マル料理を紹介すると、京にんじん・山芋・高野豆腐の炊き合わせ、地鶏つくねの和風ミートローフ、真だらの衣揚げ、汲み上げ湯葉の揚げしんじょ、そしてねぎと針しょうがをあしらったすまし椀。すぐ近所にあって同じ一ツ星の「啐啄」と比較しても、総合力でこちらが上。夜ともなれば7000円からの会席コースと一品料理のアラカルト。山形は米沢近郊、高畠町の銘酒・米鶴とともに楽しみたい。

美木
（みき）

銀座2-12-8
03-3524-0080　土日祝休
土曜は宴席予約のみ営業

美人姉妹のおばんざい

カウンター9席と座敷が一間、家庭的なおばんざいの店が東銀座にオープンして4年。お昼の愛宕弁当（1500円）はお造り（赤身・中とろ・かんぱち）、鳥肉とカシューナッツの中華風炒め、切り干し、衣被《きぬかつ》ぎ鳥そぼろあんかけ、じゃこわかめきゅうりもみ、麩とわかめの味噌椀、五穀米と白米の二色ごはん、そして黒みつ白玉、コーヒー。見た目に美しく丁寧な味付けでボリュームもちょうどいい。手入れの行き届いた清潔な店を切盛りするのは美人姉妹。夜は地酒とかめ入り泡盛を楽しめる。

喰切料理銀座
よし原
（くいきりりょうり ぎんざ よしはら）

★
銀座7-6-2　銀座門ビル5F
03-3571-5111
日祝休　夜のみ営業

自家製ゆべしと凍み大根

いずれの客にもしっかりと食べ切っていただこうと喰切り料理を謳う。したがってオーナー板長の目の前、カウンター席がベスト。酒を飲みたい方は7000円の、しっかり食べたい向きは1万円のコースがいいが、ボクの場合はアラカルト。中でも手作りの酒肴盛合わせ（からすみ・干し子・ゆべし・蒸しあわび・凍み大根）は必食。そして当然のことに地酒、あるいは焼酎が必飲と相成る。あとは2〜3品盛込んだお造りに、きんきの一夜干しかのどぐろ（赤むつ）の塩焼きがあれば、もうほかに何もいらない。

左京 ひがしやま

★♥

銀座3-7-2　オーク銀座 B-1
03-3535-3577
日休

目刺しを愛した行革の鬼

京都は東山から取り寄せた水（H_2O）を100CCほどいただいてコースがスタートする。ミネラル・ウォーターを抜栓してくれるのならいいが、こういうサービスはありがたいようで、いささか薄気味悪いものだ。

03年11月のオープン以来、客足は順調に伸びているようだ。何と言ってもお竈《くど》さんで炊かれたごはんがおいしい。コスト・パフォーマンスも非常に高い。サービスもややマニュアル化されてはいるが心はこもっている。お昼の2500円のコースは以下の通り。

八寸：姫皮と甘草のひたし、天豆塩茹で、
　こごみの荏胡麻よごし、釜揚げほたるいか、桜鱒の桜葉包み燻製、
　桜花にぎり
お椀：車麩とよもぎの白味噌仕立て
炊き物：竹の子とわかめの土瓶仕立て
焼き物：仏産鴨ロースの炭火焼き
食事：目刺し、新香、ごはん
デザート：豆腐のアイスクリーム、いちご

最後に京都一保堂の煎り番茶とにんじんボーロ、しぼり豆。強く印象に残ったのは土瓶仕立て。品のいい昆布だし、シャキシャキのわかめ、猪口《ちょこ》に浮かべたひとひらの木ノ芽、いやお見事でござった。目刺しとごはんのおいしさに、今は亡き土光敏夫さんの面影を偲ぶ。玄関で靴を脱ぐとき目に入る調理場の屑カゴだけは何とかすべし。あまりに見苦しい。

むとう

銀座6-4-16
03-3571-0723
土日祝休

ピリッとしない ニセわさび

月曜の昼にサカナを食べることは滅多にないが、その日の夜が赤坂の「さくま」ですっぽんの予定、「え〜い、ままよ！」と、仕舞屋風ののれんをくぐって、早や2年。日替わり定食（１２００円）は金目鯛と大根の煮付け。色は濃いが薄味仕上げで炊き立てのごはんとともにおいしくいただいた。後日のお刺身定食（１４００円）は、はた・真鯛・やりいか。質は高いがニセわさび。これでは鯛茶漬（１４００円）もピリッとしない。夜に杯を交わすのもまた一興。酒肴は５００円からと庶民の味方だ。

卯波
（うなみ）

銀座1-5-14
03-3561-3408
土日祝休　夜のみ営業

銀座 裏町 女の港

この原稿を書いている今日は３月14日。ちょうど1年前の今日、この店を開いた俳人・鈴木真砂女さんが亡くなった。波瀾万丈の人生を送った彼女が最後に碇を下ろした港がこの「卯波」。時に昭和32年のことである。「あるときは船より高き卯波かな」――のれんに残された彼女の想いである。現在包丁を握るのはお孫さん。典型的な小料理屋といった風情の中で〆めさば・和風シューマイなどをいただいた。ベストは肉厚のあじフライ。最近ランチが復活し、限定15食のせいろそば（７００円）が早くも人気だ。

中嶋
（なかじま）

銀座6-9-13
03-3571-2600
日祝休

奥様たちに囲まれて

週末の昼に松花堂弁当（3000円）をカウンターでいただいた。カップルはわれわれだけで、あとはオバ様や若奥様のグループばかり。これなら店側も段取りに苦労はすまいと思いきや、お運びさんが1人きりなものだから、もうてんやわんや、見ていて気の毒なくらいであった。まぐろ赤身・かんぱち・たこ吸盤のお造り。炊き合わせは飛竜頭《ひりょうず》・かぼちゃ。ほかに鰆西京焼き、海老しんじょう、つくね団子などなど。なめこと豆腐の味噌椀、梅じゃこごはんはさすが。ニセわさびも本わさびに替えてくれた。

出井
（いづい）

★ ♥
銀座6-4-17
03-3573-5731
日祝休

いまだ幻に会えず

もう翌週は師走に突入という11月の終りに訪れた。ふぐ刺しを含む2万5000円のコース。したがって、昭和5年創業のこの関西割烹の自信作、真鯛の頭の山椒焼き（1万円）は残念ながらいただいていない。なにせ大空襲のときにも持ち出して逃げたという、いわば命と同じくらい大切な幻のたれで焼き上げるそうだ。印象に残ったのは沢煮椀。1丁目の「金兵衛」同様、豚の背脂が効果的だ。あとは鰆西京焼き。気のサクい仲居さんたちがお酌だけでなく、会話にも参加するので接待の席もすぐに和む。'06年閉店。

馳走 啐啄
（ちそう そったく）

★
銀座6-7-7 浦野ビル2F
03-3289-8010
日祝・土昼休

椀より碗のボリュームを

ディナーよりもランチがお値打ち。昼の点心は１６００円から３種類。基本形にぜんざい付きで２０００円、さらにお造りを付けると３５００円。カップルで楽しむならば基本形とお造り付きを１人前ずつ頼み、お造りは２人でシェアして、ぜんざいは女性に譲る。甘党の男性なら自分も注文すればいい。丁寧な料理はみなおいしいものの、切り干し風とふろふきのほかに近江大根、守口大根と、大根責めには驚いた。最後に竹の子と豆腐の大きな葛椀が出たがオトコにはお椀よりもお茶碗のごはんがもっと欲しい。

感
（かん）

銀座6-12-15 西山ビル2F
03-3575-0888
日祝休

松花堂の食べごたえ

昼の部に２人で出掛け、東山（２５００円）、錦（３５００円）と２種類ある松花堂弁当を食べ比べる。錦はお造り（真鯛松皮・中とろ）と菜花白和えのあとに松花堂。子持ち鮎煮・かきフライ・百合根蒸し・炊き合わせ・鰆西京・だし巻玉子など。それに豆腐赤だし・じゃこごはん・冷し白玉ぜんざい。東山はお造り皿が省かれて、百合根の替わりに中とろが入った。こういった弁当には珍しくかなりのボリューム、男性も満足するだろう。入店時に親方が活ひらめをさばいていて、期待したが登場せず。

武蔵野 本店
（むさしのほんてん）

銀座7-17-1
03-3541-1541
土日祝休

ゆったりスペース ゆっくりサービス

新橋演舞場の正面。ゆったりとしたスペースで食事を楽しめる。サービスも丁寧だが料理の出るのに時間がかかりすぎてハートのマークは見送った。海老の揚げしんじょ、焼き魚（ある日は銀だら西京）、牛の焼肉丼などお昼の定食は胡麻豆腐が付いて２５００円均一。同じ値段の鯛茶漬がこの店の自慢だが「竹葉亭」のレベルには達していない。いくつもの小鉢が添えられ、ものたりなさは残らない。西銀座の8丁目に支店があり、こちらでは同じものが２０００円とディスカウント・プライス。

鶴の家 西店
（つるのやにしてん）

★ ♥ ⏰
銀座7-5-15
03-3571-1353
日祝休

本領発揮のアラカルト

界隈には珍しい一軒家の関西割烹。お造り・煮もの・焼きもの、関西の味をオモテに出す料理は同じ7丁目の「本店浜作」によく似ている。2階に上がって座敷にくつろぐのもけっこうだが、1階のカウンターかテーブル席でアラカルトというのがこの店本来の楽しみ方。桜の花の開く頃、お造り盛合わせは、真鯛・やりいか・たこ・〆めさば・かつお・蒸しあわび。山陰のずわい蟹を備長炭で焼いてもらい、赤むつの煮付けに舌鼓を打つ。締めはおにぎり・お茶漬・稲庭うどん。アズ・ユー・ライク・イット。

泥武士

(どろぶし)

♥

銀座5-8-16　ファンケルスクエア9F
03-5537-3970
無休

農民は武士である

インプレッシヴな店名に映画『七人の侍』のクライマックスを連想する。泥んこの三船敏郎が目に浮かぶ。熊本からやって来た「安全でおいしいミネラル野菜をタップリお召し上がりください」——というお店。泥武士とは広大な土壌や自然と戦いながら、食材を生産する作り手のことだそうだ。特選納豆定食と黒豚のかつ煮定食(ともに1500円)をいただいた。それぞれに素材の良さも伝わるし、味付けもいいがコストパフォーマンスは悪い。様々な具材を入れる納豆に、まぐろ赤身などありがた迷惑だ。

大羽

(おおば)

★

銀座8-2-16
03-3571-4302
土日祝休　夜のみ営業

すし屋と思えば高くない

酒亭のつもりで訪れたら高いと感じる。すし屋だと思うと割安感が残る。ハッキリ言ってこの店は酒亭。しかし、銀座の一流すし店に匹敵するほどの良質な食材を使い、ボリュームもタップリ、その値段に見合った料理が食べられる。突きだしからして間違いがない。その夜の2品はうざく、菊花と松茸いしつきのひたし。続いてのかつおたたき、柳がれい一夜干しを心ゆくまで堪能。常連さんが飲んでるうちに早くも取り置きしておくのが名物のいなりずし。ごはんの一粒ひとつぶが独立を主張する名いなりである。

いわしや

銀座7-2-12
03-3571-3000
日祝休

女流作家の最後の晩餐

ニシン目ニシン科のいわし。たった1種類のサカナだけでのれんを掲げる飲食店をほかに知らない。

昭和14年の創業である。

ボクがこの世に生を受けたまさにその日、女流作家の林芙美子がこの店を訪れている。彼女自身の企画で連載が決まった「主婦之友」のグルメ・コラムの取材だった。いわし料理を何品か味わって、何を思ったか深川は八幡宮前のうなぎ屋「宮川」に出向き、こんどはうなぎを食べる。今は無き「宮川」のうなぎを食したことはないが、深川に住んでいた小学生時代に、夏祭りの神輿を担いだときのことである。水掛祭りの異名を取る深川八幡祭りのことだから、沿道の商店・料理屋からは神輿に向かって盛んに水がブッカケられる。黒板塀も小粋なこの店の勝手口から現れた女将さんやら仲居さんにトビッきり冷たいのを掛けられたあの夏を忘れない。

さて、その夜の芙美子女史、帰宅後急に苦しみだして翌未明にはあっけなく息を引き取ってしまう。いわしとうなぎは食い合わせが悪いのだろうか。いずれにしても食べ過ぎだ。

ハナシを「いわしや」に戻す。コースのいわしづくしは少々シンドいのでランチに伺う。塩焼き定食（1100円）は小ぶりな小羽（10センチ前後）だったので、1尾（600円）追加する。つみれ入り味噌椀、油揚げと青菜の煮びたし、新香、ごはん。翌週は生姜煮定食（1200円）でウラを返した。

きく

銀座8-4-4　山田ビル2F
03-3574-7237
土日祝休　夜のみ営業

熊本産の馬刺しに脱帽

いろいろと旨いもんが揃っていてメニューを開くのが楽しい。食材もよく吟味され、あまり手を掛けないシンプルな料理が並ぶ。カウンター席はほぼ同伴のカップルやカップルス、あるいは変則グループ（男女同数に非ず）に合法占拠されている。スモーカーもかなりの数につき、嫌煙権を声高に主張する向きは「君子危うきに近寄らず」を実践するしか手立てがない。テーブル席では中年以上の男性グループが目立ち、みなさん一様にフトコロ具合は温かそうだ。

同伴ではないが、われわれもカップルで訪れてみた。スーパードライの小ビンのあとは芋焼酎の伊佐美。一品料理を片っ端から片づけてゆく。子持ち昆布、ポテトサラダ（ここではいもサラダと呼ばれる）、鯨ベーコン。やや厚切りのクジベコがガツンと旨い。名代の小あじフライは評判通り。豆あじも混じり、コロモを付けてしばらく置くのでカリッとした歯ざわりが生まれる。ここでドギュンと毛蟹。味噌少なめに香りもイマイチだったが、こういうものは当たり外れが宿命。お次の熊本産馬刺しが毛蟹を補ってあまりあった。にんにくとしょうがの２種類の醤油でどちらもケッコウ。中華まんのような風味のメンチカツで満腹となり、お勘定は２万８０００円。この店を高すぎるとお嘆きの御仁も多いと聞くが、ボクはそこそこ納得できた。ただ値段明記のない品書きが不安感を増幅させることは確かだ。

春日
（かすが）

銀座1-4-6
03-3561-1887
日祝休

お値打ちは昼の天丼

「ワタナベコーヒー」脇の路地を入った目立たぬ場所にある。路地入口の柳通りには小さな立て看板に天丼の2文字。このお昼の天丼（850円）を1度は食べなきゃ損。丼つゆサラリ、コロモはアッサリ、極め付きがごはんのおいしさ。桜通りの桜のつぼみがほころびかける頃に訪れた。海老2本・めごち・穴子・ししとう・さつま芋・大葉・海苔がドンブリからはみ出しそう。

2年前の冬はめごちの替わりにはぜだった。ほとんどの客は天丼だが紅鮭やたら子の定食もおすすめ。夜はくだけた季節料理屋の雰囲気。

魚がし耕ちゃん
（うおがしこうちゃん）

銀座8-11-9　中銀ビル B1
03-3569-0357
日祝休

グルメ雑誌で大ブレーク

02年の秋口だったか「おとなの週末」にこの店のランチの刺身定食（1500円）が紹介されてブレークした。次から次と来る客来る客、み〜んなコレ。内容はといえば、まぐろ4切れ・あじ・平貝・白魚・たこ・いか・いくら・かれい・海老・穴子・うに・海老入り玉子焼き。これに、あら煮大根・味噌椀・新香・ごはん。やはり4切れのまぐろが光っている。脂のノリは赤身と中とろの中間ぐらいでかなりの旨さ。常連さんは刺身に食べ飽きたのか、さんまの塩焼き、まこがれいの煮付けなど、さすがにシブい。

きっど

銀座5-2-1　銀座東芝ビル B1
03-3574-6168
日休　土祝昼のみ営業

小さな巨人の定食屋

　数寄屋橋の交差点、外堀通りを隔ててソニービルの向かいの東芝ビル地下にあるユニークな定食屋さん。カウンター席のみで10人までは入れないかもしれない。700〜1000円程度で良質の和定食がいただける。1500〜2000円の小鉢もバラエティに富んでいる。

　焼き魚を食べたくなったときに訪れることが多い。それもズドンとお腹に響かない塩じゃけ・かますの開き・赤魚の粕漬あたりがいい。これだと胃袋に若干の余裕が生まれて、冷しトマト・ほうれん草のおひたし・かぼちゃの煮付け・しらすおろしなどの小鉢を追加注文できるからだ。好みの小鉢を3品選べる小鉢定食（900円）も気に入りだ。

　しばらくご無沙汰していたので、再確認のためにおジャマしたのは建国記念日。日曜休みの祝日営業で助かった。はす向かいの似たようなというより、瓜二つの定食屋さん「SHIZU」は逆に祝日休みの日曜営業。無益な摩擦を避けるために、暗黙の了解がなされているようだ。冷奴・納豆・明太子を選んで小鉢定食でいく。ひじき・味噌汁・新香・ごはんのほかに、焼き海苔か生玉子が付くが、焼き海苔を頼んで、生玉子（100円）も追加しちゃう。味付け海苔ではない本来の焼き海苔がうれしい。おいしくいただいたが、ごはんと味噌汁はもうちょっと熱くしていただきたい。

みさきや

銀座2-2-4
03-3535-5639
日祝休

質量ともに文句無し

ランチがお食べ得。鮪丼（800円）は温かいドンブリめしの上に、軽くづけにしたまぐろの切り身が10片ほど。赤身がかった中とろだ。1、2切れはスジの立ったのもあるが、ほとんど気にならない程度で品質は高い。ドンブリには、効果的な脇役をつとめる山芋の千切り、もみ海苔と1枚の青しそ、なかなかのバランス感覚だ。小鉢・たくあん・味噌汁もチマチマしないしっかりしたもの。ほかにねぎとろ丼（800円）、中とろ丼（1000円）など。2月最終週の週替わり定食（1000円）は鮪の唐揚げだった。

【名店二百選】

洋食 とんかつ 串揚げ

東京で洋食といえば真っ先に銀座。この街の得意ジャンルといっていい。ポークカツを世に送っただけでなく、千切りキャベツも発明してくれた「煉瓦亭」、その隣りにある元祖カツカレーの店「グリル　スイス」、もうじき建物は消えてしまうが、古き良き銀座にドップリ浸れる「みかわや本店」、枚挙にいとまがない。

天は二物を与えず。そのぶんとんかつの名店が少ない。浅草・上野の後塵を拝しているのが現状。せっかく銀座に出向いたのだ、お箸でとんかつよりもナイフとフォークでカツレツというのもまた人の情。

串揚げは発祥の地・大阪から到来した「五味八珍」が断トツ。銀座店をオープンして実に38年のもはや老舗の仲間入り。

南蛮銀圓亭

（なんばんぎんえんてい）

（旧・銀圓亭）

★ ♥ ⏰
銀座5-4-8　カリオカビル7F
03-3573-1991
日祝休

いぶし銀の魅力

ともに還暦を越えたオーナー・シェフと支配人のグッド・コンビネーション。１９９５年の開業と、銀座では新顔の部類でありながら、すでに老舗の風格を漂わせる。これもまたお二人の魅力だろう。

２００３年10月末、洋食好きの友人と訪れた。ビールの小ビンで乾杯のあと、モンティーユのポマール'98年（１万３０００円）を抜いてもらう。的矢のかきもジビエたちもまだ入荷していない。「5皿のオードブル」（４３００円）の内容は、牛タン塩漬・きすチーズ焼き・ムール貝プロヴァンス風・帆立バター焼き・あじのマリネ。特に牛タンとあじがとてもおいしい。リー・ペリンのウスターとタルタルソースで食べる蟹コロッケ（１８００円）に続いて、ビーフシチュー3種盛合わせ（４０００円）。タン・すね肉・テールが少しずつに、温野菜は別皿盛り。野菜も軽く煮込んで、一緒盛りにするとビーフアラモードとその名を変える。ぞんぶんに楽しんだ。あとはグリーン・サラダで軽めに仕上げたのはこのあと東銀座の「ととや」に立ち寄り、にぎりを数カンつまんでおきたいからだ。もちろんこの本のための再調査。

オープン・キッチンにはかなりの人数の料理人。日ごろの繁盛ぶりがうかがえる。オーナー・シェフはフロアに出て、忙しく立ち廻る支配人のサポートに余念がない。う〜ん、つくづくいいコンビで微笑ましい。その後、並木通りに移転。

大山

（おおやま）

銀座8-19-1
03-3541-8884　日祝、第1・3土休
それ以外の土曜は昼のみ営業

スプーンと皿がカチリンコ

B弁当（1360円）は2段重ね。ハンバーグ・海老フライ・クリームコロッケに豚汁とごはん。いずれも丁寧なシゴトで満足感あり。A弁当（2000円）は3段になって、ハンバーグとコロッケがヒレカツとビーフシチューに代わる。酸っぱい味付けがお好きのようでタルタルソースもポテサラも酸味強め。半数以上の客が注文する名代のオムライス（950円）はうす焼き玉子がパサッとかかって中はトロトロ。スプーンが皿に当たるカチンカチンという音が店内に響き渡り、耳に快い。

グリルスイス

銀座3-5-16
03-3563-3206
火休

猛牛の好んだカツカレー

カツカレー発祥の地。元巨人の名二塁手・千葉茂氏が発明の祖。元祖カツカレーが1000円。千葉さんのカツレツカレーは1300円。5年ほど前、千葉さんのほうは牛ヒレカツの豪華版で確か2400円ではなかったろうか。愉快な1皿がバッファロー・カレーライス（1500円）。千葉氏の渾名は猛牛、近鉄バッファローズの監督を勤めた時代もあった。皿にはドーナツ状に盛られたライス。真ん中にヒレカツとポテトフライ。外側にも牛の角に見立てたポテト。ライスが旨いから、どう転んでも外さない。

煉瓦亭

（れんがてい）

★ ♥

銀座3-5-16
03-3561-7258
日休

かきフライは世紀の大発明

銀座でイチバン有名な洋食屋さん。伝説の店だけにすでに語り尽くされてはいるが、ここでおさらい。創業は明治28年。2年後に2代目を引き継いだ木田元次郎によってポークカツレツが世に出たのが、そのまた2年後の明治32年。しかしこの元サン、これだけでは終らない。何たって世紀の大発明はこの翌年のかきフライ。これはノーベル物理、もとい、料理賞ものだ。こればつかりは誰も思いつかなかった。古代ローマの時代から、さんざんかきは食べられていたのにだ。いや、実際に油で揚げてみたかもしれない。でも熱い油にあの水気では、揚げ手は火傷の一つも負ったろう。オマケにかきを揚げると油の劣化がすさまじい。ワリの合わない料理には誰しもサジを投げたに違いない。ルビコン川を渡ったシーザーも言っているではないか。「サジは投げられた！」――お許しを。

さて、この元サン、その後も日露戦争で料理人を兵隊に取られると、付合わせを手間のかかる温野菜から千切りキャベツに切り替えちゃった。奇想天外ともいえる経営の効率化たるや、現代の経営者が学ぶべきところ大いにあり。

「講釈・能書きは聞きあきた、それよりもおすすめ料理は何なんだ⁉」――ごもっとも。そいつはズバリ、カレーライス。豚ロースのブツ切りがゴロリと入って、これぞ模範的洋食屋の味。誰も知らない隠れた名品は１２００円也。

資生堂パーラー 本店

（しせいどうぱーらーほんてん）

★ ♥

銀座8-8-3　東京銀座資生堂ビル4F
03-5537-6241
第1・3火休

小さなサラダの思いやり

銀座の顔と呼んでも過言ではない、パーラーというよりレストラン。仏料理のカテゴリーでとらえても問題はないが、昭和の銀座とともに歩み、食文化にも貢献してきた功績を振り返ると、洋食屋のほうがシックリくる。本店ビルの建替え中は4丁目の教文館ビル地下（かってここには永井荷風も通った「フジ・アイス」があった）にある支店のお世話になっていた。

久々に本店を訪れたのは土曜日の午後。まずはビールの小ビンだ。最初の皿はクラブ・クロケット、いわゆる蟹コロッケ（３０００円）。たらば蟹の脚肉がタップリ入ったコロッケに爽やかなトマトソースとパセリの素揚げがよくマッチ。お次は舌びらめのムニエル・ノワゼットソース（２８００円）。小ぶりながら肉付きのいい舌びらめを焦がしバターでいただく。添えられた野菜が色とりどり。最後に牛フィレ肉をふんだんに使ったビーフカレー（２８００円）。以上を2人でシェアしたのだが、カレーに添えられる小さなサラダをもう一つサービスしてくれた。何て優しいんだろう。もうこれだけでわれわれはニコニコ顔だ。ちょいと苦味のあるカレーもおいしいし、玉ねぎを醤油・みりん・オイルに漬けたオリジナルの薬味もいい。

前回よりも評価を上げた今回だったがお願いが一つ。席に付いたらおしぼりが欲しい。これだけでお店の格が一段上がる。「煉瓦亭」ではちゃんと出してくれますヨ。

みかわや 本店

★ ♥ ⏰
銀座4-7-16
03-3561-2006
無休

♪蔦のからまる洋館で♪

余命いくばくもない。聞くところによれば、銀座三越の拡張工事のために、蔦のからまるチャーミングな2階建て洋館が消えてなくなるという。哀しいかな。この店と、晴海通りを隔てた「竹葉亭銀座店」の2軒には本当にお世話になっている。ともに年中無休の上、中休みも取らない。ニューメルサ店はそのまま残るが本店の雰囲気にはほど遠い。無念なり。

何を食べてもハズレはほとんどないけれど、アンチ巷の評価は毀誉褒貶がはなはだしい。「みかわや」ファンは価格設定が高すぎるとおっしゃる。しかし、フレンチ、イタリアンの主菜に平気で3〜4000円支払う人が、とんかつ屋や洋食屋では同じ値段に目クジラをお立てになる。レストランと洋食屋、ネイミングのトリックにハマッてはならない。確かにオードブル盛合わせの5000円は見映えはよくとも、いざ食べるとものたりなさが残って少々割高。でもとんかつとは一味ちがうポークカツ（2300円）、蟹肉タップリでタルタルソースも秀逸なカニクリーム・コロッケ（2500円）、片栗粉をまとったチキンが5個も入ったチキンカレー（2000円）を試してほしい。加えてポテサラ付きのグリーンサラダ、きゅうり・なす・白菜のお新香トリオ、つやつやに輝くライス、こういった脇役陣の安定感がすばらしい。消える前にぜひ訪れておきたい名店。

銀座キャンドル

銀座7-3-6　有賀写真館ビル B1
03-3573-5091
日休

キューポラ 踊子　金閣寺

高校に入ってアルバイトを始め、フトコロに余裕が生まれると、ボクらの時代の若者はＪＵＮだのＶＡＮだの、着るものにハシりだしたものだった。以前は確か、みゆき通りのＪＵＮのそば。でも入店したことはない。店に不義理があるではないが、まだまだ子どもには敷居が高い店だったのだ。

外堀通りを数寄屋橋に向かって歩きながら、ランチ・ボードに目が留まる。あったかボルシチ（８００円）、チキンバスケット（１０５０円）などの料理が並んでいる。よ～し、近いうちに来てみよう。懐かしさに心も弾む。

その数日後の夕刻、男が３人連れだって７丁目の「ライオン」を目指していた。そのときこの店がふと脳裏をかすめて目的地変更。一同意気投合の即断即決であった。ところがどっこい時代遅れの喫茶店のような店内に、今度は一同沈黙。非難の目線が４本、レーザー光線となってボクの背中を突き刺す。でもネ、かきフライ・チキンバスケット・マカロニグラタンと食べ進むうちに２人ともニッコニコ。ハンバーグが登場すると、もう奪い合いだ。

ここを訪れたスターさんの色紙が壁にズラリ。その顔ぶれがスゴいの、なんの。吉永小百合・渥美清・川端康成。何と１９５０年（この店の創業年）に書かれた三島由紀夫までありました。お笑いタレントやアイドルのがこれ見よがしのラーメン店とは面子が違いますよ、メンツが！

榮庵

（えいあん）

★ ♥

銀座3-9-18
03-3248-5471
日祝休　土曜は夜のみ営業

五十男のクソ度胸

そば屋さんに非ず。フレンチのアクセントを効かせた洋食屋さんだ。ご主人が榮一さんで「榮庵」。なんと齢《よわい》五十を重ねてから、この道に分け入って8年が経つ。旨いものを作って食す、その趣味が高じての開業と相成ったワケだが、見上げた度胸と言わねばならない。マダムとの二人三脚でずっとやって来た。

初回は１５００円均一のランチ。どの料理もたっぷりサラダと称する皿で始まる。盛りだくさんの新鮮野菜にポテサラ、コールスロー、小さな冷奴まで鎮座する。シーフードカレーには小海老・帆立・いか・あさり。それぞれ素材の旨味が生きている。薄切りビーフとザク切り玉ねぎのハヤシライスにもキレがあった。

「お酒の飲めない方はご遠慮下さい」——この貼り紙が気になっていたこともあり、夜に再訪。ワインは客がセラーに入って選ぶシステム。ルロワのいいのが何と店頭価格で飲める上に、久保田やマッカランも揃う。なるほど下戸が来店しても宝の持ち腐れだ。冷コンソメのキャヴィア添え、あじのマリネと蟹サラダ、平貝とうにと新竹の子のオーヴン焼き、白アスパラの蒸しあわび添え、フォワグラの新キャベツ包み蒸し、前沢牛のサーロイン・ステーキ。この料理で1人約1万円。信じられるものではない。お二人の気さくな人柄による温もりのサービス、ゆったりと快適なカウンター席に流れゆく時間、こんないい店はまさしく銀座ならでは。

レストラン・モルチェ

♥
銀座2-6-7　明治屋銀座ビル2F
03-3563-3601
無休

カレーライスは選り取り見取り

明治屋の直営店。フランス料理店を標榜するが「ふらんす風の洋食屋さん」という趣き。メニューを開くと、真鯛のマリネと帆立のタルタル手毬仕立て、牛タンのブレゼ・エスプレッソ風味など、なかなかにフレンチック。でもネ、どこか垢抜けないいんだなぁ。料理名を見ていると、玉手箱を開いてしまった浦島太郎みたいな気分になるし、3500円のコース料理に、皿によっては3500円のサプルマン（追加料金）を取るのはあまりにも非常識。どういう料金、もとい、料簡なのか問いただしたくもなる。マネージメントにバランス感覚が欠如しているとしか思えない。小言ばかりで申し訳ないが、ついでにもう1つ。明治屋さんが輸入しているブルゴーニュ・ワインのモワラール。品質のバラツキが顕著でグラン・クリュでも失望させられることがままある。店名にも使われているJ・J・モルチェのほうがまだ安定感あり。

それではなぜ二百選入りなのか？　それはふらんす風の洋食がおいしいからですよ。特にカレーは大好き。海老もチキンもいいし、仔牛舌平目ピーマンフルーツカレー（別名＝植民地ライス）も節操のないネイミングに目をつぶればおいしくいただける。タバスコ＆パルメザンと一緒に登場するスパゲッティ・ボローニャ風（俗に言うミートソース）も気に入りだ。しかもこれこそが洋食屋の証しで、フランス料理にいくらなんでもタバスコはないでしょうに。

とん㐂
（とんき）

★★
銀座6-5-15　銀座能楽堂ビル B1
03-3572-0702
無休　土日祝は昼のみ営業

東京一の並かつ丼

川島雄三という映画監督がいた。夭折したが今生きていればなぁ、と思わせる人なのである。少なくとももうちょっとだけ長生きしてくれていれば。川島というと、『幕末太陽傳』ばかりにスポット・ライトが当たるのだが、つい先日も小沢昭一さんが日経新聞に、『洲崎パラダイス・赤信号』がその上をゆくと書いておられたように、上か下かはベツとしても、ボクは『縞の背広の親分衆』と『喜劇 とんかつ一代』が好きなのだ。特に『とんかつ〜』はいつ観ても楽しい。この映画の主題歌の歌詞に ♪とんかつが食えなくなったら 死んでしまいたい♪ というのがあって、ずいぶんと前フリが長くなったが、この店のかつ丼が食えなくなったら死んでしまいたい、という気持ちにならないこともないボクなのだ。滅多に付けない二ツ星も何を隠そう、かつ丼に捧げるものであります。

お昼のかつ丼定食（８７０円）に尽きる。ヒレカツと海老フライをとじた盛合わせ丼（９２０円）も食べた。ロースカツ定食（８７０円）、かきフライ定食（９２０円）もクリアした。でもやはりかつ丼なのである。特製かつ丼（１１８０円）でもない、この並かつ丼に尽きるのである。豚肉・揚げ油・丼つゆ・玉子・玉ねぎの混じり合った風味が一体となって格別。硬めに炊かれたごはんおいしく、つゆの加減よく、玉ねぎさえもお行儀よく並んで、食べ手に秋波を送ってよこすのだ。

五味八珍
（ごみはっちん）

★
銀座8-2-16
03-3571-2486
日祝休　16時より営業

四半世紀を越えて

　昭和12年、大阪は福島区吉野で開業。昭和41年、銀座に進出してこの地に開店。関西から到来した串揚げ屋の草分け的存在だ。なんでも創業者が絵描きさんだったそうで、彼を偲び、いまだにスタッフは全員ベレー帽をかぶるしきたりを守っている。心の温まるハナシだ。初めて伺ったのは昭和50年、一時籍を置いていた日比谷の免税ショップの経営者にごちそうになった。生まれて初めて食べる串揚げにおいしさは感じたものの途中ですっかり飽きてしまい、やたらにビールばかりを飲んでいた記憶がある。若かったせいか、これなら上等のロースカツのほうがいいのにな、なんぞとぼんやり思ったりもしていた。

　もともと串揚げに食指は動かぬタイプだったのだが数年前に根津の「はん亭」を訪れてからというもの、すっかり見直してしまい、その日から色メガネを外した。この本のためもあって、実に29年ぶりの再訪と相成った。

　見覚えのあるカウンターに落ち着いて全29種（奇遇でしょ？）あるすしダネならぬ、串ダネを行けるところまで行くことにした。穴子しそ巻・豚ロース・ささみカレー味・生たらこ・砂肝ごぼう・いかのうに塗り・蟹爪酢あらいなど計14本で途中下車。どれも他店とはひと味違うユニークなおいしさ。ほとんどの串が２５０円と良心的だ。今回は部下にご馳走したのだが、なんと全種類制覇されてしまった。

　7月に惜しくも閉店。合掌。

【名店二百選】

酒亭・居酒屋

和食・食堂とジャンルの境界線がハッキリと引かれているワケではないが、食事よりも酒と酒肴を目当てに訪れるほうがシックリくる店をこちらに分類している。

昔ながらの趣きを残した酒亭はけして多くはない。1軒挙げれば松屋裏の「はち巻岡田」ということになろう。数寄屋通りをちょいと入った「佃㐂知」は雰囲気は別として狭いが旨い。日本酒の品揃えなら3丁目の「ささ花」だ。ここは料理もイケる。

居酒屋は大資本のチェーン店に押され気味でいささか味気ない。秋田や能登などの、いわゆる郷土居酒屋に捨て難い店が数軒あるのがせめてもの救いだ。

某大手居酒屋チェーンの大看板が恥ずかしげもなく、メイン・ストリートの銀座通りに。それもあきれかえるほどにバカデカいヤツが我がもの顔で。社長が愚かなのか、重役連中がアホなのか、銀座を何と心得る？

佃㐂知
（つくきち）

★♥

銀座6-3-7
03-3574-1589　土日祝休（12月の土曜は営業）　夜のみ営業

仕事キッチリ
小肌の酢洗い

1度訪れた人はやみつきになること請合い。誰もがファンになるだろう。店内は別に小粋な風でもないが、なぜか心落ち着く温もりに満ちている。店主はじめ、オバちゃんと女の子の立ち居振舞い、受答え、ともに申し分がない。客に媚びるでもなく、かといって高飛車なところなど微塵もない。サービス業に従事する者、かくありたい。

カップルはもちろん、あまり大人数でなければグループもOKだ。1人静かにカウンターというのもまたアジがある。2人で出掛けておすすめに従い、チョコッと切ってもらったときは、小肌の酢洗い・戻りがつお・鯨赤身の盛合わせ。あまり間を置かずに4人で再訪の際には、小肌・鯨・黒むつ・すみいか・かわはぎ肝和え・まぐろ中落ちと豪華絢爛であった。キッチリ〆まった小肌をはじめ、どのサカナも粒揃い、格落ちは1種としてない。良質の本わさびと漬けしょうがもありがたい。この夜は麦焼酎の天春を2本も空けてしまい、1人1万円弱のお勘定。

とにもかくにも旨いもんだらけで、推奨の品々を列挙すると、青柳たたき味噌、きんき一夜干し、あわびバター焼き、鯨ステーキ、新じゃがバターといったところ。お通しのたこやわらか煮、たこ吸盤ポン酢からして抜群だからもうたまらない。締めにどうしてもメシ粒の欲しい方には中落ち丼としじみの味噌汁、それに自家製のぬか漬でバッチリだ。

のとだらぼち

銀座8-4-27　セザール銀座ビル B1
03-5537-3078
日祝休

銀座は能登の玄関口

この店のホームページを拝見したら、だらぼちとは能登の御国言葉で、要領は悪いが純で、それでも真っ正直に生き抜こうとする人のこと、とあった。能登の有志26名が設立した(株)能登百正の直営店。東京における能登の玄関口を自認する。石崎海老に豆腐となすを合わせた、いしり貝焼き（７００円）、うみそうめん（５００円）、香箱蟹（１８００円）、海たなご塩焼き（７５０円）などをいただいた。開店して5年目に入り、毎晩盛況を極めている。狭いカウンターにゆったりの入れ込み、必ず予約を。

ねのひ寮

（ねのひりょう）

銀座8-4-2　たくみビル B1
03-3573-0873
土日祝休

サカナいっぱい魚介膳

経営するのはソニーの創業者・故森田昭夫氏の実家の森田酒造。銀座もこの界隈まで南下すると新橋駅は目と鼻の先、オジ様族のテリトリーだ。夜もいいがランチを始めてくれて何よりだ。混み合うこともなく、ゆっくり食事が楽しめる。おばんざい膳（１２００円）はキンピラ・高野豆腐・こんにゃく味噌煮・玉子焼き、いかにもＯＬさんに喜ばれそう。旬の魚介膳（１５００円）は逆にビジネスマン向きだ。中とろ・ぼたん海老の刺盛りのほか、ぶり照り・銀だら西京・さば味噌が1切れずつ。その後、閉店。

ささ花

（ささはな）

★♥
銀座3-4-18
03-3561-3761
日休、祝日の月曜休　夜のみ営業

桜とあおりのしんじょに陶然

　この店のカテゴリーを酒亭にしようか、和食にしようか思案投げ首、正直言って迷った。酒・肴ともに良く、京風料理も本格的だ。大吟醸・中吟醸の豊富な品揃えに敬意を表するとともに、小粋な酒肴の数々、小ぶりな佳品が際立つ皿と鉢。よって酒亭と認定させていただいた。

　カウンターに落ち着いて、まずは目の前の板長おすすめの開運中吟醸（８００円）から。この季節だけ出回る初しぼりだそうだ。鼻腔に抜ける香りが清冽。京野菜さらだ仕立て（９００円）は白糸のごとく細く切ったじゃが芋を揚げ、その上に真鯛の薄切り、周囲を水菜・小かぶ・伏見とうがらしが取り囲む。長崎から直送される本日の刺身3品盛り（２５００円）は平すずき・あおりいか・本まぐろ。素材がいいところに持ってきて、出す直前に良質の本わさびを鮫皮のおろしですりおろす。このことによって絶命したサカナたちが息を吹き返すのだ。すずきもまぐろも本望だろう。

　まんさくの花、くどき上手と浮気して、再び開運に戻って今度は中吟醸ではなく無濾過の純米酒。そしてその夜の最高傑作、竹の子のはさみ揚げ（１２００円）だ。ぜいたくにもあおりいかと桜海老のしんじょを、竹の子には挟み、伏見とうがらしには詰めて、揚げてある。いやはや、どうにもこうにも絶品としか言いようがない。山椒の若芽が香る木ノ芽寿司（７００円）で締めて、若き板長・N村氏に最敬礼！

はち巻岡田
(はちまきおかだ)

銀座3-7-21
03-3561-0357
日祝休　夜のみ営業

肝タップリのあんこう鍋

02年の師走も半ばを過ぎた頃、運良く2人でカウンターに座れた。今で言うオープンキッチンは調理場の様子が手に取るように判る。店主とその息子さんだろうか、手の休まるヒマはいっときとしてない。サービスはすべて女性陣の役割。みなさん揃っておっとりと上品でいらっしゃる。昔の銀座が丸ごとそのまま残っており、吸い込む空気すら当時のものではなかろうかと錯覚するほどだ。店の片隅に目をやると、いかにもレトロな電話台に黒のアナログ電話が1台、その脇には空色の料金箱。眺めているだけで心が和む。

ビールはサッポロ黒ラベル。突きだしのツナ缶とせりの和えものはこの店らしくない。うの花は酢を効かせた海老と蟹入りのおぼろ風。昔のちらしずしのような味わいだった。〆めさばのみょうが和えはかなり濃いめの味付け。菊正樽酒のぬる燗に切り替えて、めじまぐろの刺身。もしもあったら迷うところの真鯛昆布〆めは幸か不幸か売り切れていた。そして名代の海老しんじょうにはレモン・マスタード・ウスターソースの3点セットが添えられる。意外なハイカラさに虚を衝かれた思い。締めには真打ちのあんこう鍋。捨てるところのないこのサカナのほとんどの部位が仲良く雑居状態。目当ての肝もタップリと、1人前を2人でやって、納得顔のお勘定。お1人様9000円也。この年の瀬になぜか夜風があたたかい。

樽平

（たるへい）

銀座8-7-9
03-3571-4310
日祝休

心に沁みる山形の味

秋風が立ち始めると恋しくなる居酒屋さんだ。酒は金印住吉のぬる燗を大徳利（950円）で。サッと出るひたし豆は東北特有の青畑豆、大ぶりの枝豆のようだ。品書きには山形の郷土料理が目立つ。丸小茄子漬・玉こんにゃく・じゅんさい酢・米沢鯉のうま煮。何を頼んでもみな1000円がいいところ、玉こんなど1串3個で200円だもの。常連にはどこぞで飲んだあと、この店のおにぎりとなめこ椀で仕上げていく客も。松の内にはひたし豆に数の子が入っていた。年始代わりに酒粕までもらって帰ったっけ。

かちわり亭

銀座6-7-18　デイムビル B1
03-3571-4300
日祝休　夜のみ営業

客もサカナも泣いている

なんだか夏の甲子園みたいな店名が居酒屋チェーンを連想させるが、店主の目利きのなせる技か、酒も肴も一級品だ。年の瀬に訪れた。刺盛りのひらめ・かんぱち・あおりいか・中とろは申し分ない。きんき塩焼き・なめたがれい煮付け・ぶり照焼きはいずれも甲乙つけ難く、刺身の上をゆく。ところが好事魔多しの例え通り、たった1つの難点が致命傷。立派な刺身に添えたニセわさびが全てを台無しにした。これではサカナが可哀想。

「行く年や　客泣き　魚の目に泪」。

【名店二百選】

ビアホール
ワインバー

ビアホールは何をおいても日本一の名店「銀座ライオン七丁目店」に尽きる。銀座のランドマークにして有形文化財。老若男女を問わず（あまり若すぎるとダメ）、デートに、飲み会に、すべからく1度は訪れるべし。数軒あるドイツ系ビアホールはドイツ料理にも重きを置いているため、エスニックにジャンル分けした。

ワインバーでは大型店をハナから除外した。大きなハコのビアホールはいいが、広々としたワインバーではどうにも腰の座りが悪い。論より証拠、ビアジョッキとワイングラスのサイズにもその差が明瞭に反映されている。その店の主流となる飲みもののサイズと、その店のキャパシティは正比例しているものなのです。

銀座 ライオン 七丁目店

★ ❤

銀座7-9-20
03-3571-2590
無休

星はハナから付いていた

昭和9年創業。銀座の誇る日本一のビアホールである。建物の設計、ホールのデザイン、すべて菅原栄蔵の手になるものだ。1階ホールの空間に身を置くだけでシアワセな気分に浸れてしまう。正面のモザイク壁画が印象的だが、乙女たちの露わな胸が不謹慎とのそしりを受けて、戦時中は覆い隠されていたらしい。本当だろうか？昭和30年代には、裏町長屋の井戸端あたりで半裸の女性をよく見掛けたものだけれど。

初めて訪れたのはメキシコ五輪の直後だったような気がする。未成年ではあったがサッカーの銅メダルに乾杯した思い出がある。あのころの釜本邦茂はスゴかった。野球の長嶋茂雄ともどもスポーツ界はまさに「W茂」の時代だった。アテネ五輪の予選も突破、釜本二世の異名を取る期待の星・平山の活躍やいかに。

ここではもっぱらサッポロ生の黒ラベル。それも小ジョッキ（500円）がいい。混雑時にお替わりが煩わしいことはあっても、生ビールをおいしく飲むにはこれがベスト。フードメニューは手を変え品を変え、かなり苦労しているようだが特製のローストビーフをはじめとしてあまりパッとしない。ランチにしても昭和コロッケ・昔風ナポリタンはともかく、長崎ちゃんぽん・石焼きビビンパは店のイメージを損なう。したがって一ツ星は生ビールに捧げるものであります。もっとも経営母体の作るビールにはラベルにデカい星が付いてるけどネ。

グットドール
銀座

★
銀座4-3-5　ハトリビル3F
03-3564-7218
日休　夜のみ営業

重複のレンズ豆

西麻布の「グットドール・キュベ・デュ・ソレイユ」の銀座店。もっとも本家は乃木坂にあった「クラッティーニ」とコラボレートして「グットドール・クラッティーニ」として生まれ変わった。

靴屋さんの脇の階段を上ってゆくアプローチにとまどいを感じつつもワインリストを開いてしまえば、さすがの品揃えに納得する。コント・ジョルジュ・ドゥ・ヴォーグのミュジニー'94年（2万9000円）を大奮発。不満はないが、どうしたワケか最後までピノ・ノワールというより、熟成したネッビオーロに似た香りのままだった。グラスはリーデル。仏産ジロール茸のソテーと魚介のソカ（小ぶりのフライ）でスタートする。サーヴされた「フォション」のバゲットは好みではない。東京で簡単に手に入るバゲットでは「ダロワイヨ」がボクのお気に入り。上等な赤ワインに合わせるために、お次はレンズ豆を添えたアンドゥイエット（豚の耳や内臓を詰めたソーセージ）のロースト。ナイフを入れた瞬間に立ち上る香りに言葉を失う。白金は「ラビラント」のそれに匹敵する旨さだ。もつ煮込みやホルモン焼きだけではなく、豚もつにはもっと日の目を見て欲しい。豚タンのグリルと豚バラ肉のローストの盛合わせもいいがガルニが再びレンズ豆。ガッカリしたけれどワインとの相性はいい。勘定は2人で5万円でおツリは小銭だけがチャラリンコ。

シノワ

★

銀座6-4-5　オリエントビル B1
03-3571-3108
日休　夜のみ営業

意外とアッサリ猪バラ肉

ワイン・料理ともに優良。いくらワインバーだからといって、グラスワインをいろいろ試すのはおすすめしない。ボトルで頼んでおいて、刻々と変化するその1本の一部始終をジックリと楽しみたい。さもなくば、そのワインの個性・魅力にふれることはできない。1回こっきりのデートではその女性の長所・短所の全てを把握できないのと同じこと。一晩に何種類ものワインを試飲・乱飲する行為は早いハナシがお見合い写真を一綴りにして、パラパラめくってゆくのとなんら変わるところがない。

その夜はデュジャックのモレ・サン・ドニ'98年（1万2800円）をチョイス。どうしてもブルゴーニュを選んでしまう。ボルドーは年に1度あるかないかだ。ベスト・ヴィンテージではないが満足感は残った。合いの手にはバルバリー鴨胸肉と白レバーの田舎風テリーヌ（1400円）。コルニッション（小さなきゅうりのピクルス）と胡桃パンが添えられる。次の皿は、猪バラ肉と大根の角煮・赤ワイン風味（1800円）だ。ナイフではなく、フォークで崩してやるだけで繊維質がハラリとほぐれ、淡白な脂身がサラリとからむ。ポークとビーフの中間をいく滋味。とてもフォアグラ丼やハヤシライス（ともに1600円）には行き着けなかった。スタッフがすすめる前述のワインの'99年ものがセラーに眠っている。リストに載ったら再訪するつもりだが、あと1年は待たねばならぬ。

アムルーズ

★ ♥
銀座6-5-17　銀座みゆき館ビル2F
03-5537-0611
日休　夜のみ営業

ブショネのあとのエクスタシー

外堀通りに、朝の9時から翌朝5時まで開けている「銀座みゆき館」なる喫茶店がある。向かいの旭屋書店から出て来たとき、その2階の大きな窓に目が留まった。「あれっ、ティールームかな？　いやレストランかも？」——気になって通りを渡って確かめると、どうやらワインバーのようであった。

後日、立ち寄ると、カウンターよりもテーブル席が主体、奥にはプライベート・ルームがいくつかあってフードメニューもかなり充実。ワインリストを開いてブッタマゲた。そうそうたるワインが並んでいる。数万クラスはザラで十数万も少なくない。ところが値付けは銀座としてむしろ良心的、けっしてバブリーな店ではないことが理解できる。ポンソのモレ・サン・ドニ'99年（1万4800円）を目ざとく見つけ、お願いする。ところが珍しいことにコイツがブショネ。コルク臭ヒドく完全にイカレている。抜栓してくれたオーナー兼メートル（フロアマネージャー）氏がテイスティングの前に気付いて、新たにボトルを開けてくれたが、そのブショネ君を試させてもらった。オカゲでツレは大喜び。そりゃそうでしょう、滅多におクチにできませんもの。気を取り直してグラスを傾けると、さすがにモレ・サン・ドニを世に知らしめた造り手、そのままでもすばらしいがウォッシュチーズのエポワスと合わせたらもうタイヘン、ドラッグにハマっちまうヤツの気が知れない。

パプリカ

銀座8-10-4　和孝銀座ビル B1
03-5568-5667
日祝休

イベリコ豚はお留守

ヴァラエティに富んだ食材を炭火で１本ずつ丁寧に焼き上げる串焼きの店。アルコールの品揃えもハンパなものではない。２人で出掛け、炭火焼みつくろいのＡコースをまず１人前。スカモルツァ（イタリア産チーズ）・黒豚塩漬・銀杏・つくね・手羽先のラインナップで１８００円。堪能まではいかぬが満足。あとはアラカルトでいこうと、お目当てのスペイン産イベリコ豚の骨付きステーキ（１００ｇ＝１３００円）をお願いすれば、なんと売り切れ。うずらと仔羊でしのいだものの当然のことながら不完全燃焼。

しぇりークラブ

銀座6-3-17　悠玄ビル2F
03-3572-2527
月祝休　夜のみ営業

生き残っていたアブサン

シェリー専門店とは稀有な存在だ。ほかには中目黒の「ヴエネンシア」しか思い浮かばない。訊けばあちらのオーナーもこの店の出身だというではないか。スペイン料理店としてエスニックのカテゴリーにとも思ったが、シェリーだけでもＯＫなのでワインバーとして扱わせていただく。マンチェゴチーズやボケロネス（ひしこいわしの酢漬）で好みのシェリーを味わう。初心者は店主のおすすめに従うのが得策。フランス政府の取締りとは無縁、ピレネー山脈の反対側で生き残ったアブサンがあったのには感激。

【名店二百選】

ラーメン

ラーメン店の絶対数自体がそれほど多くはない。むしろ少ないくらいだ。そのワリに行列必至の店が見当たらないのは銀座という街に行列が似合わないのと、行列をいとわぬ人種があまり銀座を訪れないためだろう。アップルストア開店日はスゴかったけれど。

日本各地から進出してきた、いわゆる東京における新興勢力に銀座の老舗が苦戦を余儀なくされている。博多・函館・和歌山など、ご当地ラーメンにあっては知名度の高さを誇る博多が一番人気だ。チェーン店並に支店網を張り巡らせた有名店は近場のサラリーマン・ＯＬには便利で人気が高い。ただ、せっかく遠方から銀座に出掛けて来た人が、そういうところで食事を済ませてはもったいないし、銀座を訪れた意味がない。

萬福
（まんぷく）

★
銀座2-13-13
03-3541-7210
日祝休

究極の隠れメニュー

リニューアルして外しちゃったのではないか。前回のリニューアルからそんなに経っていないような気がするのだが。店のデコ、品書きの文字、ＢＧＭの藤山一郎、目指そうという方向性はじゅうぶんに伝わってはくる。でもちょっとヤリすぎの感は否めない。昭和ですら遠くなりつつある昨今、大正ロマンに振り向く若者はほとんどいないだろう。とにかく以前より客足が落ちたようで心配だ。目の前の函館ラーメン「船見坂」のほうが繁盛しているのだもの。

何を食べてもすばらしくおいしい。チャーシュー・シナチク・ほうれん草の御三家にナルトと三角形の玉子焼きが勢揃いする中華そば（６５０円）。澄んだスープに中細まっすぐ薄黄色の麺がからんで東京ラーメンの理想形。ラーメン・フリークたちに不人気なのがフシギだ。きくらげのシャッキリ感がもはや快感の肉野菜炒め（８３０円）。夏場の冷しそば（９８０円が圧巻で正統派冷し中華の麺のコシは最後の１本まで失われず、ずっとアルデンテのままであった。肉汁いっぱいの餃子はパンパンにふくれてコロンコロン。ワンタンのコシも他店ではけっして味わえないものだ。そしてイチ推し、究極の隠れメニューがポークライス（８３０円）。炒飯とチキンライスをミックスしたような味がして旨いのひとこと。炒飯同様にほうれん草入りの清湯スープも付いてくる。

中華 三原

（ちゅうかみはら）

銀座5-9-5
03-3571-4359
日祝休　土曜は昼のみ営業

広東メンが天津メン

時の流れから取り残されたような三原小路の中華そば屋さん。昭和20年代の匂いがプンプンする。

２００４年の年明け、景気と株価の浮揚に伴い、全品30円の値上げを断行したようだ。

めったに誰も注文しないラーメン（４３０円）がいい。昔懐かしの醤油味スープに、薄黄色の中細ストレート麺が鉄壁のコンビ。ネットリしていながら粉々感をも併せ持つ麺は意外にもノビにくいのがありがたい。ワンタンメン（６３０円）はにんにく風味のワンタンが７つも入る。一番人気のタンメン（６３０円）には豚バラ・野菜・きくらげの具がドッサリ。食べても食べてもなかなか減っちゃあくれないが、客の中には大盛りの麺硬めなんてツワモノもチラホラ。みんな胡椒・酢・辣油をブッカケてドンブリに取っ組んでいる。常連になるとこのタンメンに「チャーシュー乗せ！」などと叫ぶ輩《やから》も現れる。変わりダネは広東メン（７３０円）、他店でいうところの天津メンだ。ふんわり玉子が見るからにおいしそう。炒めライスは野菜・もやし・にらがおのおの７３０円。壁の品書きに焼飯とあるチャーハン（７８０円）は文字通りのヤキメシで、周りにしっかりと焼き目が付いている。

正午に近づくと、長くはない行列ができ始める。オバちゃんのアシストはあっても、原則作り手はアンちゃん1人、多少待たされてもガマンすべし。

らーめん 勇

（らーめん いさむ）

銀座8-15-6
電話なし
土日祝休

味玉一つに黄身二つ

「がんこ」系のワリにヒリつくしょっぱさはない。他店と比べてもほぼ平均値だろう。醤油スープの中華そば（750円）と塩ラーメン（800円）を食べてみた。どちらもいいが、鶏ガラの個性がスッキリとストレートに出た塩がベター。ちぢれて真っ黄色の細麺も好きだ。3歳までの牝豚を使用したバラ肉チャーシューは柔らかい。かといってドロンと溶けるタイプではなくシットリとおいしい。塩ラーメンに入る揚げ玉ねぎが効果的。黄身がダブルで入った特大味玉（150円）は一食の価値、大いにあり。

紀州らーめん おかげさん

（きしゅうらーめんおかげさん）

銀座6-3-5
03-5568-3558
日祝休

南紀田辺の黒いラーメン

和歌山ラーメンというと、県北部の和歌山市を中心とする細麺・とんこつスープが一般的だが、この店のは県南部・田辺市の味。とんこつに魚介の風味を加え、中太麺を使って紀州ラーメンを謳う。田辺の特産、備長炭を練り込んだ備長炭らーめん（800円）がスペシャリテ。黒いどんぶりのためによくは見えぬが、割り箸にも黒い粉が付着するくらいだから、スープにも相当量が溶け出しているに違いない。ちょいとコワい。麺がやや柔らかいのを除けば、肩ロースのチャーシューもスープもなかなか。まもなく閉店。

共楽

（きょうらく）

★

銀座2-10-12
03-3541-7686
日祝休　土曜は17時に閉店

♪昔の値段で出ています♪

昔からのファンである。懐かしの東京ラーメンである。5年ほど前はもうちょっとアッサリしていた。近頃は時代の流行に合わせたのか、いい意味でのコク味がスープに加わった。太さは中太のままの麺も、まっすぐからややちぢれに変わったようだ。変わらないのは旨いもも肉チャーシューと味付け甘めの細切りシナチク、そして肝腎のお値段も据え置き。中華そば（600円）が王道で、わんたんが溶けちゃうわんたんめん（750円）はおすすめしない。土曜は隣りの場外馬券売場が騒々しいから避けたい。

【名店二百選】

フランス料理

さすがに水準が高い。特にグラン・メゾン級に優良店が居並ぶ。したがってお値段のほうも、例えば南青山や西麻布あたりと比較して、かなりお高くなってしまう。

その反動か、スッと入ってサッと帰れるようなクダけてコナれたビストロ、あるいはブラッスリーといったタイプの店があまりにも少ない。映画の最終回がハネたあとサラリと使えるところがないから、仕方なしにワインバーへ、という人もあろう。「真冬のパリのオペラのあとの、熱いオニオングラタンのおいしさよ！」――こういうキザなマネを許してくれる店が必要だ。銀座の一流バーのフードメニューが充実しているのは、その弱点を補うために相違ない。

マキシム・ド・パリ

★ ♥ ⏰
銀座5-3-1　ソニービル B3
☎0120-55-6291
日休

老いてなおお盛ん

　このレストランはすでに終っているとホザいたのは一体どこのどいつだ？　銀座のフレンチの老舗にして草分け。「老いたりとはいえ、まだまだ若い者には負けはせぬ」——そんな気概すら感じられるが、どうしてどうして、ちっとも老け込んじゃいないのだから頼もしい。

　ソニープラザの脇から地下へ降りると、Ｂ２のゴージャスなバーからは早くもピアノの音色が。なおもＢ３に降りようとすると壁に著名人のメッセージの数々。フランソワーズ・サガン、マリア・カラス、イヴ・モンタン、モーリス・シュヴァリエ、そうそうたるメンバーだ。お世辞かもしれぬがシュヴァリエの東京に対する想いのたけが伝わってきてうれしくなる。

　Ｂ３のダイニングではピアノとバイオリン。聞こえてくるのは盲目のピアニスト、Ｇ・シアリングが50年前に作った「バードランドの子守唄」じゃないか。うん、いい感じ、いい感じ。

　ビーフのコンソメとチキンのブロスを合わせた具だくさんのスープ、舌びらめのアルベール風ブレゼ、仔牛ロース肉のポワレ・シャルドネ風味、フォワグラとトリュフで巻いた仔羊フィレ肉のロースト、以上を２人でシェアしてデセールは取らない。仔羊がその夜のベストで「レカン」、「ヴァンサン」ではお馴染みのよく似た料理、仔羊のマリア・カラス風の上をいった。ワインはデュジャックのモレ・サン・ドニ'95年。お勘定は４万円とちょっとの割安感。

ル・シズィエム・サンス

★ ⏰
銀座6-2-10
03-3575-2767
日祝休

満を持してのグラン・メゾン

2003年11月の末にオープンしたばかり。合同酒精が社名変更したオエノン・ホールディングスの直営店。ブルゴーニュの銘酒・モメサンを独占的に仕入れているシアワセな会社である。総合プロデュースは銅板画家の山本容子さん。力の入れようはかなりのものがある。

さっそくお手並み拝見とばかり、予約を入れた、と言いたいところなのだが、正直言って今回はとある方にご招待されました。それも2万3000円のフルコースに、モメサンのグラン・クリュ、クロ・ド・タールのしかも'85年（2万7000円）付き。滅多にあることではないからシビレやした。タダ飯は旨いッスよ、ホント。でも慣れていないからどうも落ち着かない。

ではそのコース、順にご覧にいれましょう。

①冷たいオマール海老と温かいアーモンドのそれぞれのスープ
②フォワグラのテリーヌと牛テールのジュレ
③ジロール茸とマロンのポタージュ
④オマール海老とすずきのキャベツ包み
⑤ミント風味のトマトのソルベ
⑥シャラン産子鴨のロースト
⑦ロックフォールチーズのクロケット
⑧ブッシュ・ド・ノエル
⑨エスプレッソとプティフール

これだけの料理がおいしくお腹に収まった。皿と皿の間が空かないところも評価したい。

オストラル

★★♥
銀座5-4-8　カリオカビル B1
03-3572-0548
日・第2月曜休

お食べ得なりデジュネA

20世紀のことになるが初めておジャマしたときの印象は強いものがあった。サカナ料理3種を盛り合わせたデギュスタシオン風1皿の内容は、かきのパン粉付け焼き・たらば蟹のグリル・まながつおのポワレ。三者三様、心ゆくまで楽しませてもらった。手長海老をヌードル状のマッシュド・ポテトで巻き、カリカリに仕上げたクルスティヤンはここのスペシャリテ。パリの「リュカ・カルトン」で同じ料理を食べたことがあるが、訊けば「オストラル」でこれを始めたシェフの修業先、フランスはロワール地方の一ツ星レストラン「プロムナード」直伝とのこと。ポテトをスパゲッティに替えるアレンジ版には、恵比寿あるいは丸ビルの「モナリザ」でお目に掛かることができる。

ほとんどの料理にドゥミ・サイズ（半人前）があるのもうれしい。すべてが半額になるワケではないが選択肢も増えて、使い勝手が非常によろしい。ワインもドゥミの品揃えがなかなかで、ことにランチタイムはありがたい。

そのランチに久々訪れた。前菜・主菜・デセール・カフェのデジュネA（3500円）は抜群のコスト・パフォーマンスを誇る。まこがれいとやりいかのマリネは繊細。中伊豆産仔牛肩ロースのローストはイマイチだったが、フォワグラを詰めたブルターニュ産うずらのローストが白眉であった。ギャルソンのサービスも一流だ。その後、交絢ビルに移ったが、あえなく閉店。

榛名

（はるな）

銀座5-5-17　三笠会館2F
03-3289-5669
無休

スープに意外なおいしさが

三笠会館のメイン・ダイニング。3000円のプリフィクス・ランチがお得。前菜・スープ・主菜・デセール・プティフール&カフェのコースで二者択一ではあるがチョイスできるところがエラい。当然2人で別々の料理を。

2月の日曜日。前菜はずわい蟹のサラダor魚介類のマリネ、京人参のポタージュor帆立とういきょうのスープ、主菜が黒むつのポワレorイベリコ豚のソテー、デセールはワゴンから数種選べて、ブラッド・オレンジを包んだオレンジのムース、りんごとレーズンのタルト、白胡麻のブランマンジェ、いちごのシロップ煮、マンゴーのソルベといったラインナップだった。前菜がおままごとのようにチマチマっとしてものたりないので、これならスープを外してくれてもいいからポーションを大き目にしてほしいな、と思った矢先に現れたスープがどちらも秀逸、あわてて愚かな思いつきを打ち消す。黒むつもイベリコ豚もおいしかった。天井の低いダイニングは気になるが安定した料理と一流のサービス陣がそれをカバーしてあまりある。

館内には和食・中華・イタリアン・バーが完備されて、いずれもハズレがない。「秦淮春」では小海老と海鼠《なまこ》入りの楊州炒飯（1800円）のファン。以前は洋食レストランだった「メッツァニィノ」ではイタリア料理よりも、往時の名残りの2品を楽しむ。若鳥の唐揚げでビールを飲み、チキンカレーで仕上げるのだ。

アルペッジオ

★ ♥ ⏰
銀座4-5-11　和光別館 B1
03-5250-3103
第3日曜休

イメージ通りのお皿たち

和光のイメージそのままの洗練された上品な料理の数々。そのぶんインパクトと独創性は薄まる。

ランチAは、白身魚のムース（アミューズ）、真だらとあさりのスープ、オマール海老とあいなめのロースト、ワゴンから2種選べるデセールはいちごのスープとプディングにした。オマール&あいなめはディナーの主菜にはものたりないがランチにはいいサイズ。逆にアラカルトで注文した鴨のグリルはかなりのボリューム。胸肉のほかに、もも肉も2ピース付いた。ポルト酒のソース、温野菜の付合わせ、ともに良し。

LINTARO
（リンタロウ）

♥
銀座5-9-15　銀座清月堂ビル B1・2
03-3571-2037
無休

フランス料理の手ほどき版

フランス料理を食べなれていない若いカップルにとって「仏料理入門編」ともいえるレストラン。

いきなりグラン・メゾンにデビューするよりもこういう店で肩慣らしをしておきたい。いわばブルペン、あるいはドライビング・レンジだ。子持ちやりいかと帆立のソテーのブール・ブラン、すずきのヴァプール（ワイン蒸し）サフラン・ソース、ともにまずまずのデキながら酸味の効いたバター系のソースが似たもの同士。付合わせの温野菜も菜花だらけと、食材のダブリが気になった。

ビストロ・コックアジル

銀座8-10-15
03-3572-1644
日休　祝日は夜のみ営業

パスタを巻いた手長海老

03年6月に大勢で出掛けた。まだホワイトアスパラが食べられたのはラッキー。白はプイィ・フュッセ、赤はモレ・サン・ドニを抜いてもらって、いろんな料理を分け合って食べる。アスパラのグリエに続いて、オマール海老と帆立のサラダ仕立て、ほうぼうのムニエルの黒バター・ソース、仔牛フィレ肉のポワレ・ほほ肉のラグー添えなどなど。印象に残ったのは手長海老のヴェルミセリ包み揚げ（2900円）。カッペリーニのような細麺パスタを巻いたもので、恵比寿の「モナリザ」よりもデキが良かった。

ISHIDA

（イシダ）

★
銀座1-6-6
03-3538-3303
月休

メートルさんお静かに！

料理はとてもおいしい。二ツ星にあと一歩。印象に残ったのは①ボーフォールとコンテ（ともに仏産チーズ）・さんま・じゃが芋のテリーヌ②あわび蒸し焼き・青海苔ソース③野うさぎの背肉ロースト&もも肉のコンフィ。特に肝入りリゾットを添えたあわびは、西麻布の有名店「分とく山」のあわび磯焼きの上をいった。前菜・主菜・デセールのAコース（4500円）をお願いしたが、サプルマンはあわび800円、野うさぎ1500円。女性スタッフを叱りつけるメートルの声がなんとも耳障りで不快。

シェ・モア

銀座2-6-5　越後屋ビル2F
03-3564-1267
無休

役者は揃っているけれど

銀座通りに面しているワリにはあまり目立たない。同じビル内の同じ2階には大衆的なすし店「雛鮨」、地下には中華の老舗「中華第一樓」があって、なんとなくその2軒に埋もれてしまったかのよう。1階入口のメニュー・スタンドに気づいて目を通すと、そそられる料理が数品、試さにゃならぬと心に決める。

土曜の2500円のランチを2人で。なかなかの盛況ぶりが失礼ながらちょいと意外。中年女性の団体さんが12人ほど。年齢差があるから同好の士かPTAの集まりで、同窓会ではあるまい。興に乗るとかなり騒々しいがタバコを吸う人とてなく、飲んでクダ巻くオジさんたちよりもずっとマシか。

19ヵ月も熟成させたプロシュート、豚バラと豚足のテリーヌ、パルミジャーノを盛込んでサラダ仕立てにしたオードブルがとてもいい。ゼラチン質を含んだテリーヌはむしろバロティンと呼ぶにふさわしい。ずわい蟹とアヴォカドといんげんをトマトに詰めたファルシも快適なアンサンブル。メイン・ディッシュの魚介のブイヤベースには赤座海老・いとより・子すみいか・帆立・はまぐりと役者が揃ったものの、スープのコク、サフランの香りともに少々ものたりない。フォワグラを詰めた仏産仔うさぎの背肉のローストは＋800円。カレー風味にいささかの疑問が残った。

レ・ディタン ザ・トトキ

★❤
銀座5-5-13　坂口ビル7F
03-5568-3511
月休　平日は夜のみ営業

ドタキャンしてごめんなさい

　何気なしにオープンキッチンに視線を流してビックリ、わが目を疑った。何となれば、目の前にラーメン界の巨匠の異名をとる「支那そば屋」のS氏がいるんだもの。われに返って、それがこの店のシェフ・T氏だと気付くのに時間はかからなかったが、それにしてもソックリだ。

　3800円のランチ・コースをいただいた。前菜は本まぐろのマリネのサラダ仕立て。パルミジャーノの薄切りと柚子の香りがアクセント。まずはマル。主菜は仔羊の軽い煮込みだったのだが、2人で来店したので片方をサカナ料理に替えてもらう。快諾していただいて、こちらも気分爽快。はたしてこの皿がすばらしかった。食材は、はた。中華料理の清蒸ではもっとも人気のある白身魚だ。「富麗華《ふれいか》」でも「福臨門」でも主役の海鮮料理といったら、間違いなくこれ。しかもその日はたらの白子を詰めてのポワレ。スープ・ド・ポワソンの旨味とサフランの香りがよりおいしさを引き立てる。普段は食指を動かさないデセール盛合わせも佳品揃い。いちごのソルベ、ガトー・ショコラ、タルト・スリーズ（さくらんぼ）、いいですねぇ。

　実は半月ほど前、ランチ予約のドタキャンをしてしまった。その前夜、本郷追分の「呑喜」と池之端の「多古久」で、燗酒とおでんのはしごをした挙げ句の二日酔いにフレンチはとてもとてもの悲惨な状態。その節はご迷惑をお掛けしました。

シェ・ルネ

♥
銀座7-16-21　雲ビル2F
03-3542-9866　日祝休、第1・3土曜休　それ以外の土曜は夜のみ営業

隠れた老舗のシーフード

30年ほど前に松坂屋の裏手で開業。当時の店名は「ルネ」だった。昭和通りを東に渡り、新橋演舞場に近いこの界隈は銀座の奥座敷といった趣きでフリの客はまず望めない。客筋はリピーターばかりなのに、客足が衰えないのは安定した料理と、テーブルの間隔をゆったり取ったくつろぎ感のタマモノだろう。築地が近いせいか魚介料理が自慢。小肌のマリネ、ムール貝のワイン蒸し、うにのグリエ等が並ぶメニューに、肉ものは高級牛ヒレ肉のシャトーブリアンのみだった。ランチにはハンバーグなども。

LYNSOLENCE
(リンソランス)

★
銀座7-5-4　毛利ビル B1
03-3289-5788
日祝休

昔の名前を変えました

土曜の昼に2人で、銀座の街角コース（3500円）と美食家コース（4800円）を分け合う。前菜・ポタージュ・サカナか肉料理の街角に対して、美食家はポタージュが省かれる替わりにサカナと肉のダブル主菜となる。以前の店名は「シェ・トリガイ」だったがシェフが勇退して、ボルドーはサン・テミリオンの銘酒の名前にあやかった。やりいかのグラタン、仔羊とフォワグラのパイ包み焼き、蝦夷鹿の肩肉の赤ワイン煮込み、すべて上デキ。いちごとぶどうの赤ワイン煮も繊細で、二ツ星は目前だ。

カーヴ・エスコフィエ

★❤
銀座6-7-5　白亜ビル2F
03-3571-1851
無休

鮭は棲まない地中海

ソニービル裏の老舗「エスコフィエ」の姉妹店というか、いわゆるディフュージョン。驚いたことに妹が姉さんを凌駕する。ワインに対する思い入れはつとに有名だが、料理のほうもどうしてどうして、かなりの高水準、二ツ星にホンの一息なのだ。

6年近くにもなるが初回のインパクトは強烈だった。＊ムール貝のマルニエール、＊プロヴァンス風サラダ、白甘鯛のポワレ、自家製ハムの燻製、＊リードヴォーとエクルヴィス（ざりがに）のソテー、＊トマトのソルベ、エスプレッソ。＊印のオンパレードではないか。にんにくの効いたムールがプリプリ。サラダは他店でいうところのニソワーズ（ニース風）なのだがツナの替わりのサーモンが実に効果的。地中海にまぐろはいるけど、鮭はなぁ、なんぞと首を捻りながらも、旨いから許しちゃう。

2度目は初っ端に初夏の北海道から届いたばかりのホワイトアスパラガスのサラダ。千歳空港に山積みの甘い菓子より、これこそが正真正銘の「白い恋人」じゃないかしら。再びニソワーズをいただいておいしさを再認識。しかし本日のＭＶＰ（モースト・ヴァリュアブル・プレート）は断然はたのポワレ。酸味が決め手のブール・ブランをからめて口に運べば、ホロホロと崩れゆく滅びの美学が舌を直撃。この感動を後世に伝えるスベを知らない。

レ・ザンジュ

★★♥
銀座4-6-1　銀座三和ビル2F
03-3535-3232
日休

7年ぶりの川すずき

ピエトラという名の珍しいビールからは栗の香りが立ち上った。コルシカ島産だという。ワインはルロワのシャンボル・ミュジニー・プルミエ・クリュ'86年（2万5000円）。ブルゴーニュの古いヴィンテージものが大好きなのだが予算の関係上、そうちょくちょくは飲めない。その夜は清水の舞台から飛び降りた。

メニューを開くとすばらしい食材のオンパレードだ。目は移りに移り、心は迷いに迷う。このひとときこそがレストランの醍醐味にほかならず、お仕着せのコース料理ほど味気ないものはない。和・洋・中に関わりなく、おまかせは大嫌いだ。あわびと赤座海老のテリーヌ（3600円）と、ワインと同郷のブルゴーニュ産のエクルヴィス（ざりがに）のソテー（4200円）を前菜に選ぶ。ざりがにの濃厚なミソのコク味がたまらない。迷いに迷ったサカナ料理がレマン湖のオンブル・シュヴァリエ（アルプス岩魚）とアルザスのサンドル（川すずき）。さあ、どうする？　もう1皿の主菜はどうしても肉料理の山羊のローストにしたい。これがブロシェ（川かます）だったら、岩魚を選ぶところだが、サンドルはパリの「ランブロワジー」以来、日本では初めてのお目もじで、ここは、えいやっ！　とばかりにサンドル。日本の淡水魚とはベツモノ、美味の極みであった。しかし残念なことに、7月で閉店と相成った。現在は和食の「Ryouri Genten」がここで苦戦中。

ロオジエ

★★♥
銀座7-5-5
03-3571-6050
日祝休

夜空のムコウに流れ星

誰に聞いても、どのガイドブックを開いても、たいした評判じゃないですか。

2004年版のZAGATでは以前より評価が下がったものの、26（フード）、25（デコ）、24（サービス）の計75点で、東京のベスト・フレンチに輝いている。普段は相当に辛口の評論家の方々もベタボメ状態だ。はたして、そこまでの店だろうか。

このグラン・メゾンには2度訪れた。初回は01年4月。ドンブ産グルヌイユ（食用がえる）のポワレ（5600円）、ブレス産子鳩のロティ（7800円）をいただいた。グルヌイユにからむパセリ・クリームのソース良く、内臓をも使った子鳩はロマネ・サン・ヴィヴァンとシンクロナイズド・スイミング。「このワインはデキャンタージュされないほうが……」と言い切ったソムリエのN本さん、おっしゃる通りデス。入口を入ってすぐの席で居心地悪かったが、この夜は二ツ星で問題なし。

02年9月に再訪。1年半前と同じワースト・テーブルでトホホのホ。これを単なる偶然と見るほどオイラはお人好しではないぞ。南仏産ルジェ（赤ひめじ）のポワレ（6600円）、ピエ・ド・コション（仔豚の足）のココット焼き（5800円）、仔牛脇腹肉のブレゼ（7600円）などを。及第点をあげられるのは豚足のみ。ルジェなどチュニジアの漁村ですらもっと真っ当なものを出す。二ツの星が流れ星となって消えたが、その後シェフが交替し、二ツ星に昇格。

ル・クラージュ

銀座2-10-5　銀座オオイビル2F
03-5565-5130
日休

かすべに浮気をしかかった

神戸牛のハラミ炭火焼きの評判を聞いてランチタイムに訪れる。メイン1皿にデセールとコーヒーか紅茶で1500円。ハラミは毎日あって、本日のサカナ料理が佐渡から空輸されたかすべ（えい）のムニエル、肉料理は越後もち豚のスペアリブだった。ハラミを食べにきたのだが、かすべに魅かれてしまい、迷った末に佐渡のサカナに浮気した。ところがそこでギャルソン曰く「前菜かスープはいかがでしょうか?」――メニューの端に目をやれば、それぞれ800円、500円とあった。内容を訊くと、その日の前菜がやりいかの炭火焼き、スープはブイヤベース風と言う。ほう、それならとスープを注文。ついでに魚介系がダブってしまうから、かすべをハラミに変更して元の鞘に収まる。

登場したのはブイヤベース風というより、スープ・ドゥ・ポワソン（直訳すればサカナのスープ）だ。ちゃんとクルトンが浮かんで、その上にはルイユ（にんにくマヨネーズ）まで乗っている。そいつをスープに溶かし込んで一サジすくえば、パンチには欠けるがおいしい。ハラミは粒マスタードのソースで来た。特有の弾力を噛み締める合間に、にんじんとしめじのグリル、黒キャベツの素揚げのガルニテュールにもフォークを延ばす。この黒キャベツ、なんとおコメの油で揚げたとのこと。馴染みがないので調べてみると、遺伝子組み替え食品の使用を避けるために、学校給食にも使われていた。

オザミ・デ・ヴァン

銀座2-5-6
03-3567-4120
日休

ヤボな自販機 ステキな星空

どんどん手を拡げて「オテル・ドゥ・ミクニ」路線を踏襲しているかの如く。キッチン、フロアともにスタッフの養成と教育が追いついていない。水で割られたワインのように、本来の持ち味が日に日に薄まっていく。もともと料理の魅力に乏しい店だけになおさらだ。今のところ、どの店舗も繁盛しているがため、当局は事態の深刻さに気づいていない。

1階のテラスに近いテーブルに案内された。テラスといっても壁が取っ払われてビニール張りになっているだけのこと。ビニールを背にして店内を見晴らすことのできる女性客はいいが、その相方のオトコは哀しい。だって彼女の瞳のムコウにはビニール越しに自販機の群。缶コーヒーやスポーツドリンクと差し向かいでフランス料理を食べねばならぬオトコの悲哀を、お店の方は察してほしい。フォワグラのソテー、ブレス産地鶏のローストなどをいただいたが、印象に残ったのはデセール。それもソルベやグラッスなどの氷菓が優れている。

数ヵ月後、3階のバー・カウンターに通された。屋根裏部屋の感覚で居心地は悪くない。ラベルなしのポマール'83年でサン・ダニエーレ産生ハム、豚の耳のゼリー寄せなどをつまむ。天井のガラス越しに星空が見える。オペラ「ラ・ボエーム」の第1幕、モンマルトルの裏ぶれたアパルトマンが脳裏をよぎった。

サロン・ド・サンク

★★♥
銀座5-14-1　銀座クイントビル9F
03-3544-0922
土日祝休

目からウロコがポロリンコ

同じビル内に映画配給会社のＵＩＰも入居しているために、この店では芸能人の姿をちょくちょく見掛ける。元アイドル歌手、今や2児の母に教えられて初めて伺ったのは98年の4月。いやはやあまりのおいしさに感動してしまった。衝撃的なその夜のメニューを再現すると①＊帆立のソテー・温製春野菜のサラダ仕立て②白子のソテーと鶏レバー・ムースの盛合わせ③ほうぼうのポワレ・あさりとムール貝のクロケット添え④＊牛タン赤ワイン煮込みの温野菜添え。デセールは取らずに、飲みものはサッポロ黒ラベルの小ビンとシャンボル・ミュジニー'94年にエスプレッソ。とにかく野菜がとてつもなく旨い。大地の恵みそのもののゲンキのいい素材に、料理人の巧みな火の通しと、敏感な舌による味付けというより味決め。野菜だけにとどまらず、片面だけ火を入れて旨味を凝縮させた帆立、ソースともども美味の極致にまで到達した牛タン、ホントに驚いた。余計なお世話だがけっして見映えのいいビルではないから、こんなところにこんな店があるとは夢にも思わなかった。目からウロコがポロリであった。ビル正面は歌舞伎座。まさに大向こうをうならせる逸品の数々にシャッポを脱ぐ羽目におちいった。

数回出向いていつもハッピー。ただ1度だけ、白身魚のそいのスープ煮では外された。北海道が故郷のこのサカナがやたらに生臭かったのだ。

半文居

（はんぶんこ）

♥

銀座3-4-1　03-5524-0428
日休（月曜休日の場合は日曜営業、月曜休）　夜のみ営業

秦野のオヤジに銀座のムスコ

神奈川県秦野市で欧風料理店を営む父親に料理の薫陶を受けた、うら若きシェフが銀座に開業した。詳しい事情は存ぜぬが本人曰く「間違いで銀座に開いちゃいました」——と奥ゆかしい。カウンター・テーブル席合わせて14席ほどの小ぢんまりとした空間ながら、レイアウトの妙かホッと一息つける雰囲気が快適だ。オープン・キッチンにはシェフただ1人。フロアのサービス担当も女性1人きりのようだ。メニューボードにこまかく几帳面に書かれた料理は食べ手の好奇心を喚起するモノばかり。カップルでは注文する皿数にも限りがあり、人数を集めて出掛けたいが小体な店につき、5〜6人の小グループがいいところか。その夜のわれわれも美女2人合わせての3名様御一行。モリモリといただいたディナーの内容を以下列挙。例によって＊印がスグレモノ。

＊豚足のパリッット焼き（450円）
地鶏レバーのパテ（500円）
関あじのカルパッチョ（1250円）
江戸前穴子のカリカリ焼き（1100円）
＊はたとフォワグラのポワレ（2000円）
イベリコ豚のロースト（2400円）
＊生うにとコンソメ・ジュレの冷たいカッペリーニ（1600円）

パスタで締めるとおいしく召し上がれる。ウラを返した夜は香川産ホワイトアスパラと仏産アスパラソバージュの競演を楽しんだ。

レペトワ

★♥⏰
銀座1-11-2　ホテル西洋銀座2F
03-3535-1111
無休　朝食あり

肝腎なのはアフターケア

　世界ソムリエ・コンクールで優勝する前に、田崎真也さんがフロアにいた「パストラル」がリニューアルして生まれ変わった。以前は黒トリュフとフォワグラを詰めたうずらのファルシなどクラシカルな料理も見受けられたが、現在謳うのはコンテンポラリー・フレンチ。言わばモダンなフランス料理だ。

　03年12月に新生なったこの店に初めて伺ったのだが、その2日前に1本の電話。

「オカザワ様ですか？　本日ご予約を承っておりますレペトワの○○と申しますが――」

「いえいえ、予約は明後日ですよ」

「申し訳ございません。大変失礼致しました」

　ちっとも不快ではなかったが、先方はずいぶんと恐縮されていた。

　2日後におジャマしたら、一昨日の非礼のお詫びにと、食前にシャンパーニュを振る舞われた。こちらはすっかり忘れていたのにこの心配り、気分が悪かろうハズがない。世の中にミスはつきもので、問題はそのあとのケア次第。「失敗は成功のもと」、「禍転じて福となる」、「雨降って地固まる」、先人の言う通りなのだ。

　ライムを搾り、西洋わさびのクリームでいただく温かい自家製スモークサーモンは比類なきおいしさ。昔風のシーザーサラダと日向赤鶏の備長炭焼きは負けず劣らず。白トリュフの香りの蝦夷鹿のステーキにも花マルを付けたい。

レカン

★♥

銀座4-5-5　ミキモトビル B1
03-3561-9706
日休

香り乏しい道産子仔羊

店名の「レカン」はフランス語で宝石箱のこと。階上の御木本真珠店は単なる偶然ではあるまい。大家さんに気をつかったのかもしれない。アール・ヌーヴォーで統一された店内は愛を語らう恋人同士にふさわしい。天井のライトがワイングラスに反射して宝石箱のようにチャーミング。角度、明るさ、計算され尽くした光の効果だ。

81年以来、5年に1度ほどのペースで、すでに数回訪れている。前回（99年）のディナーではやや評価を落とした。本まぐろの軽いスモーク、真鯛とサーモンのミルフィーユ仕立て、焼《やぎ》尻《しり》島産仔羊もも肉のパイ包み焼きなどをいただいたが、印象に残ったのは仔羊に添えられた柳松茸なるシャキシャキのきのこと、アミューズの生がきのマリネだけだったからだ。

03年の年の瀬、この本のためのラスト・トライアル。毛蟹とトマトのジュレ、＊雉肉と栗入り松茸のパイ包み焼き、＊イベリコ豚ロース肉のソテー、女満別《めまんべつ》産仔羊背肉のローストと継いで＊印の逸品は2皿。北海道の仔羊にこだわるようだが、クセがないぶんラム好きにはものたりない。ラムにおいてはフランスのブルターニュ産もいいが、米国コロラド産にトドメを刺すのではないか。

5丁目の姉妹店「ロテスリー・レカン」は気軽に利用できるものの、舌の肥えた方にはおすすめしない。値段と一緒に料理の味も急降下する。

ル・マノアール・ダスティン

★★♥⏰
銀座8-12-15
03-3248-6776
無休

内臓食べなきゃイケナいぞう

銀座のフレンチではトップクラス。イタリアンの水準が極端に低い反動からか、フレンチの激戦区と言っても過言ではない銀座にあって、この店の存在感は他を圧倒する。すでに数回おジャマしているが、そのたびにシアワセな思いをさせてもらった。

幕開けは必ず2種類のアミューズ・グールで始まる。小さな突きだしの片方は常にブーダン・ノワール（豚の血入り黒ソーセージ）。これに青りんごのクリスというかコンフィテュールというか、いわゆるジャムが添えられて、この店の定番。もう一方はそのときどき、はまぐりの蒸し煮だったり、きすのエスカベッシュだったり、サーモンのにぎりずし風なんてこともあったっけ。とにかくドラマティックな夜のプレリュードとして期待感を抱かせるものばかり。

何を食べてもハズレは皆無、特に臓物の扱いは水際立っている。今までに味わった花マル料理を列挙してみたい。仔うさぎと赤座海老の湯葉巻、豚足と豚のセルヴェル（脳みそ）の温製テリーヌ、ペルドロー（山うずら）のロースト、乳呑み仔羊のロースト、仔牛ロニョン（腎臓）・セルヴル・リードヴォーのポワレと豚脊髄のフリット盛合わせ。ここでは魚介類には目をつぶり、牛肉などには見向きもせず、ひたすら内臓の魅力を追求したいが諸般の事情により、国産の仔牛が入荷したときのみの提供と相成った。残念ながらしばらくはガマン。

ペリニィヨン

★

銀座1-10-19　ギンザイチビル2F
03-3567-3641
無休

兄がそそいだ弟の汚名

階下は「ブラッスリー・ドンピエール」。パスタ中心のカジュアルな食事が楽しめる。洋食・ワインバー・ケーキ屋さんと、広角打法が得意のグループ内ではこの「ペリニィヨン」がベストだろう。ついでだから苦言を呈しておきたいが、洋食の人気店「京橋ドンピエール」には失望した。ランチの割高カレーはソースもライスも少なすぎ。夜はサービスの手がたりないわ、ワインは冷たいわ。最悪だったのは骨付き仔羊炭火焼き。皿には小さ目の骨付き仔羊がたったの1本、何とこれが2800円だとサ。骨付きの仔羊はニューヨーク・パリ・東京で何十回と食べている。しかし普通は3本、少なくとも2本、1本ポッキリってのは我が人生で空前絶後、この店ただ1軒のみだ。その夜だけの椿事かしら。

気を取り直して「ペリニィヨン」。姉妹店の悪しきイメージのオカゲで後回しになり、初訪問は03年2月。20席そこそこの店ながら、細長いので小ぢんまりという感じはしないし、むしろ居心地がいいくらいだ。何よりも、矢継ぎばやのおいしい料理に大満足の一夜となった。まこがれいと蒸しあわびのカルパッチョ、手長海老とダンデリオン（たんぽぽの葉）のサラダ仕立て、黒トリュフのラヴィオロ（複数形のラヴィオリでなく単数形なのはデカいのが1個だから）、軽くロティしてからグリエしたブレス産子鳩、いずれも花マル。キレ味スッキリのハイチ・コーヒーが、ディナーを絶妙に締めくくる。

VISIONARY

（ヴィジョナリー）

銀座5-9-1　KOTY ビル B1
03-5537-2686
日休

ラップにギヴアップ

沖縄産の今帰仁《なきじん》アグー仔豚が食べたくて赴いたが、開店時間の11時半を回っても店は閉じたまま、その日はあきらめる。電話で確認して訪れた翌週は仔豚の入荷ナシとのこと、めぐり合わせが悪いというか、どうやらアグー仔豚とは縁がないんだね。仕方なく自家製サルシッチャと春野菜のキターラ（１２００円）を。ソーセージのブツ切りに春キャベツ・天豆・グリーンピースが手打ちの麺パスタ・キターラとからんで美味。ただしサルシッチャはブツ切りよりもキザんでラグーにしたほうが他の食材と一体感が生まれる。最初に出されたレタスとラディッキオのサラダが秀逸。砕いた胡桃とパルミジャーノが効果的で、何より他店にありがちなチマチマ・ケチケチ感がないのがいい。欧米並みにタップリとくる。夜は５０００円のコースのみというのが減点材料なのだが、期待もこめての二百選入り。

小体な店ながら、コの字型カウンターの居心地もいいし、テーブル席も悪くない。サービスも快適だ。ただどうしてもガマンできないのが最初から最後までラップ一辺倒のＢＧＭ。苦手な人間にコイツは地獄だぜ。ニューヨークに10年も住んでいながら、この世でイチバン嫌いな音楽はラップ。オカゲで未だに仔豚を食べに行く気になれない。ラップなんかより、軍歌や浪花節のほうがよっぽどマシだと思うんですけど。

るぱ・たき

★
銀座7-6-14　丸源53 2F
03-3574-9443　日祝休
（土曜は予約のみ営業）　夜のみ営業

華麗なる転身

某有名デパートでファッション・デザインに携わった女性が還暦を過ぎて一念発起、小さな隠れ家フレンチを開いたのが24年前。現在は彼女の甥のU家シェフが孤軍奮闘する。主菜のみチョイスのコース一本勝負、そこそこのワインを取って2人で3万5000円ほど。ある夜はアンディーヴのスープ煮、白と緑のアスパラガス・赤ワインのソース、トマトの冷たいカッペリーニ、ひらめのタルタル、渡り蟹のスープ、あわび or 牛フィレのステーキ、しいたけのカレーライスにデセールとカフェ。満足しない客はなし。

【名店二百選】

イタリア料理

銀座のイタリアンには目をおおうばかり、フレンチとの差は歴然だ。すでに終っている。いや、ことイタリアンに関してはまだ何も始まっていないのだ。とにもかくにもページをくってご覧くだされ、一ツ星さえ1軒としてない惨澹たるありさまを。

もともと銀座という街がイタリア料理店に向いていないのではないか。家賃が高いのにフレンチに比べて客単価は低い。高級店でもパスタやピッツァを提供しなければならないので人件費がかさむ。六本木のように交際費を嵐の如く落してくれるガイジン客を見込めないから、利幅の大きい高級ワインの注文も入らない。トマトソースで高価な着物にシミを付けたら一大事と、ご同伴の女性たちにも不人気なのだ。

２００５年に、ひらまつグループの「リストランテ　アソ」の2号店がオープンする。チャペルやバンケット・ルームを備えた都心では最大級のレストランだがダイニング・フロアは50席のみ。ひらまつの株価には好材料でも、イタリア料理の不毛地帯・銀座の活性化につながるとは思えない。

アトーレ

♥
銀座1-11-2　ホテル西洋銀座 B1
03-3535-1111
無休

使い勝手のいいバール

早いものでオープンして17年。イタめしブームが巻き起こる以前、銀座にあったイタリアンはみなアメリカ経由の南イタリアもどきばかり、トマトソース一つとっても必ずケチャップの味がしたものだ。ゆで置きしたスパゲッティをフライパンであおり、香ばしさのカケラもないピザ（断じてピッツァではない！）を平気で焼いていた時代、それはそれでホンモノを知らない日本人にはそこそこの人気があったと思う。本格的な北部や中部のイタリア料理を提供するところはほんの数軒しかなかった。

メニューを開くと謳い文句通りに北イタリア的。サフラン風味のアランチーニ（ライス・コロッケ）、ライスを詰めた小やりいかの墨煮、たらば蟹とアーティチョーク（朝鮮あざみ）を巻いたひらめのオーヴン焼き、ラルド（熟成豚脂）と乾燥いちじくを詰めたうずらのロースト、こう見ると、ライスものや巻きもの・詰めものが目に付く。これが北の特徴といえば特徴。料理のスタンダードは高い。一ツ星にあと一歩だ。

使い勝手のいいのがバール。ちょっと小腹のすいたとき、飲みたりないときに利用する。ワインの小ビンの品揃えもいい。昼のピアット・ウニコ（ワンプレート・ランチ）はドルチェ・カフェ付きで１８００円。ここ1、2年、急に流行り出したピアット・ウニコだがそれほどの魅力は感じない。

ブオーノ ブオーノ

♥
銀座4-1-2　西銀座デパート2F
03-3566-4031
無休

初めて食べた食用ほおずき

形態の異なるレストランを多角経営している三笠会館グループが１９８６年にオープンした。銀座といえども、当時はまだ本格的な伊料理店が数えるほどしかなく、20年近くも存続しているのは大健闘といっていい。ただ同系列の「メッツァニィノ」にも言えることだが、銀座のイタリアンはおおかたドングリの背比べ、あと一歩で星にとどかない。

開店当初から三崎港直送の鮮魚をディスプレイして客の注文を取り、好みの料理法で作ってくれている。シンプルなグリルやソテー、あるいはカチュッコ（寄せ鍋風）やアクア・パッツア（水煮風）とヴァラエティには富んでいる。

正月の二日だというのに、早くも新鮮な魚介類が三崎から到着していた。ピオ・チェーザレの白の小ビンを取って、貝類のマリネ（２０００円）でスタート。あわび・ムール・帆立・つぶの4種を柑橘のソースで。ズィベッロ地方のクラテッロ（２５００円）はプロシュートよりも熟成度高く、洋梨の風味によく似た食用ほおずきが添えられてユニーク。初めてお目に掛かったがもっと使われていい食材だ。石鯛の炭火焼きはこんなものだろうが、やや退屈。骨付き仔牛のミラノ風はホンモノの仔牛でミルクの香りがした。評価したい。サービス料なしのコペルトが４００円。客単価の低い女性客が多いとみえて、このほうが店には有利なのだ。これをあざといとは言わずにかしこいと言う。

エノテーカ・ピンキオーリ

銀座5-8-20　銀座コア7F
03-3289-8081
無休

仔牛なければ星もなし

２００４年版ミシュランで三ツ星に返り咲いた。でもそれはフィレンツェの本店の話、料理長アニー・ピンキオーリ夫人の功績だろう。彼女も年に2回ほど来日して銀座店で腕を振るうようだが、現時点では星を見送った。確かに料理は一ツ星のレベルかもしれないが、この料金と料理が出るまでの待ち時間を考慮すると、減点は当たり前。ワインの値付けもあんまりで、高級ワインを注文する気にはなれない。

99年の3月。大切なディナーでワインもそれなりのモノを選んだ。メンバーは５人。ガヴィ・ディ・ガヴィ・ラ・スコルカ'96年（1万６０００円）、ソライア'93年（3万円）、ガイウン・マルティネンガ・マルケージ・ディ・グレイジー'90年（4万円）、バローロ・ジネストラ'89年（4万円）。神がお許しにならないお値段だ。しかも2本目のソライアがカラになるころにアンティパストの登場ではたまったものではない。アンティノーリの手になる銘酒ソライアをつまみなしでやる客の気持ちが判るかい？

料理もアンティが５０００円弱、パスタは５０００円前後、魚介だと6〜７０００円となり、肉料理は8〜９０００円までハネ上がる。オマール海老のアスティーチャ、子鳩のロースト、ブロッコリーの花のガルガネッリ、なかなかだが感動はない。そして最大の欠点はイタリア料理の主役、仔牛の不在。以来数回訪れたが、欠点は現在もマッタク是正されていない。

ファロ資生堂

（ファロしせいどう）

銀座8-8-3　東京銀座資生堂ビル10F
03-3572-3911
日祝休

すべり込みセーフ！

10階がレストラン、11階はバー・ラウンジ。ホームページのキャッチコピーが嘆かわしい。「銀座で一番空に近い場所で楽しむ、語らう、くつろぐ」だってサ。もうちょっとマシなのありませんでしたかね。確かに眺めは悪くないけれど、ガランとしていて落ち着かないし、女性を口説く場所ではない。

バルバレスコのマルティネンガ'93年を。香りは立派に立ち上ったものの、やはりのど越し、余韻が浅薄、不満が残った。函館産海の幸のマリネは真鯛・ひらめ・そい・帆立・はまぐり。はまぐりの個性が主張しすぎて、全体の調和を乱している。冷たい桃のカッペリーニに、やはり桃を使った食前酒ベリーニを合わせてみた。われながらオシャレ、いやちょっとキザかな？相性は言うまでもないことだ。すっぽんのラグーのスパゲッティはケッコウだが、添えられた大根おろしでシラケた。料理人の意図が判らない。北海道産仔羊の炭火焼きは脂身が多すぎて胸クソが悪くなる始末。冴えなかったこの夜の救世主は2本目のワイン、エミディオ・ペペのモンテプルチアーノ・ダブルッツォ'82年。ここまで熟成が進むと、清楚な香りにコク味が重なり、処女のエロスといった趣き。女優ならさしずめ還暦まぢかの吉永小百合だ。

ここで開かれたモメサンのボジョレ・ヌーヴォー試飲会に招かれた。その際のブッフェ料理がかなり真っ当。故に辛うじて二百選入り。

山岸食堂

（やまぎししょくどう）

銀座2-14-20
03-3544-3236
土日祝休

一人三役のハナレ技

気のおけないこの優良店はコスト・パフォーマンスも高くOLさんの天下。その夜も最後まで男性はボク1人。店側も男性1人きりであった。調理・配膳・会計の全てをこなすのだから生半可なこっちゃない。取組み後にインタビューを受けるお相撲さんみたいに汗だくだ。生ハムとクリームチーズのクレープ巻がおいしい。スモークサーモンのバジルソースやにんにく風味のやりいかのソテーなど、料理は1000円均一。アルヴェルティのバルバレスコ（5000円）を取っても万札1枚の明朗会計でした。

【名店二百選】

中国料理

さすがに地球のすみずみまで浸透している中国料理だ。都内でも優良店が随所にまんべんなく分散している。食の不毛地帯・新宿ですらそれなりの中国料理に出会えるのだから、推して知るべしだ。アメリカ・カナダのチャイナタウンのほうが東京よりおいしいなどとホザくフード・ライターがいるが、無知もはなはだしく、暴言もほどほどにしてもらいたい。

比較的古い店の多かった銀座に、香港の「福臨門魚翅海鮮酒家」が支店を開いて厚みが加わった。老舗の「太湖飯店」、「維新號」の継続性・持続力は評価したい。銀座の中華といえば、真っ先に名前のあがった「銀座アスター本店」と「中華第一樓」は最近調子を落としているのではないか。奮起を促したい。

小籠包子や蒸し餃子など、飲茶を前面に押し出すところが進出したり、撤退したりと、出入りが激しく目まぐるしい。飲茶ならなんでも飛びついたＨａｎａｋｏ族の舌もやっと少しは肥えてきたようだ。

太湖飯店

（たいこはんてん）

★

銀座8-3-11　和恒ビル2F
03-3571-2108
日祝休

西施の指が太湖から

銀座に開店して半世紀近く、中国料理の老舗と呼んでいいだろう。店名の太湖というのは江蘇省にある湖で、10年以上前に尾形大作が歌って流行した「無錫《むしゃく》旅情」にも ♪上海蘇州と汽車に乗り 太湖のほとり無錫の街へ♪ という歌詞がある。近年は汚染が進んでアオコが発生したりもしているようだ。

ネットで検索してみたら、ほとんどの料理が3人前となっている。いかにも「3人でいらっしゃいよぉ〜！」と誘われてるようで少々シラケるのだが、郷にいれば郷に従えとばかり、3名の予約を入れた。いの一番にその湖の名物・太湖産白魚の唐揚げ（2500円）を。日本橋高島屋で買い求める釜揚げ白魚も中国産とあるから、この湖で獲れたものだろう。白魚のような指とは言い得て妙で、いにしえの中国美女、西施《せいし》も楊貴妃もさぞかしこんな指をしていたのだろうな。百合蝦仁（時価）は緑も鮮やかな百合の蕾と小海老の炒めもの。海老の火の通しが絶妙だ。北京ダック（3500円）、きんきの広東風蒸し（時価）と来て、特製担々麺（1500円）で締める。さすがに特製、挽き肉の替わりに蒸し鶏入りだ。挽き肉だと食べてるうちにドンブリの底に沈んでしまい、ついつい食べるのを忘れてしまうもの。3人前の料理で客を誘うワリに、われわれ以外は中年のカップルが2組だけ。ちょっと暗めの雰囲気は若者に敬遠されそうで他人事ながらいささか心配。

信華
（しんか）

銀座8-10-17　サザンビル B1
03-3571-0308
日祝休

お婆ちゃん気をつけて！

名物は水餃麺（850円）。スイコーメンと発音する。かなりデカい水餃子が5個入りだから、食後の満腹感はかなりのものだ。以前は6個も入っていて、こいつをヤッツケちゃうと、あとはもう何も入らずに無条件降伏の憂き目をみるばかりであった。焼き餃子は皮の作り方が異るのでやらない。餃子好きはこの水餃子に頼るしかないワケだが、ここは大いに頼りましょう。頼り甲斐のある立派な餃子です。麺を抜いた水餃もあって、ちょうど日本そば屋の天ぬき・鴨ぬきのスタイル。鶏ガラとトンコツを合わせた醤油ベースのスープもなかなかである。

夜に訪れ、適当な料理を2、3品取ってビールに紹興酒という使い方もいいが、ランチタイムがとにかく大盛況。男性客が圧倒的多数を占めて、特に麺類が人気だ。チャーシュー麺（800円）、エビつゆそば（850円）、五目やきそば（800円）、どれも外さない。ごはんものは料理2品付きのランチ定食（800円）よりも五目炒飯（800円）がよく出ている。フロア・サービスの担当はオバちゃんとお婆ちゃん。これは昔から変わることがない。今回5年ぶりでおジャマして、お婆ちゃんの健在ぶりをこの目で確かめた。つゆそばのドンブリを両手にしっかり持って運ぶ姿が可愛いけれど、見ているこちらがハラハラドキドキ、どこぞにケツマヅかないことを祈るばかり。くれぐれも気をつけてくださいね。まもなく店自体が閉業。

維新號 本店

（いしんごうほんてん）

銀座8-7-22　銀座ゴルフビル B1
03-3571-6297
無休

肉まんよりもセロリそば

二百選にスレスレで入選。明治32年、九段下で創業。戦後まもなく中華まん専門店として銀座に進出。平日お昼のお饅頭セット（1000円）は絶大な人気を誇る。肉まんだけでなく、あんまん・胡麻まん・からし菜まんが揃う。それに本日のおそばのハーフ・サイズ、小皿、ザーサイ、ライチーまで付くのだから、お得と言えばお得だが、デカいワリにあまりおいしいものでもない。2つに割ると中の肉餡がコロリンと転げ落ちたりもする。それよりもセロリそば、青海苔海老炒飯を試されたい。

星福

（シンフウ）

銀座6-9-9　かねまつビル6F
03-3289-4245
無休

油ひかえめアッサリ味

医食同源を謳う中国薬膳料理の店。以前は原宿や名古屋にも出店していたが、現在はこの銀座店だけに絞った。野菜タップリ、味付けアッサリ、油ひかえめ、三拍子揃っていかにも体に良さそう。「中華はしつっこいからねぇ～」とお嘆きのお年寄りもこれなら何を怖れることがあろう。特製薬膳海鮮つゆそば（1500円）なるたいそうなお名前の1品をいただくと、中細ややちぢれのコシの強い麺が他店とはマッタク違う個性を発揮、豊富な魚介とやさしいスープにも満足、翌週のランチ定食につながった。

王味
（ワンミー）

★
銀座4-13-11
03-3541-8780
土休

豚の足に捧ぐ

何てったってこの店は豚足そば（750円）、この1品に尽きる。東京ラーメン風のケレン味のない醤油スープには白いきざみねぎがビッシリ。多少の化学調味料は感じるものの、とてもおいしいスープだ。中細ややちぢれの黄色い麺はツルッときてシコッ、硬めのゆで上げは最後の最後にちょっとだけノビるが、かなりの根性持ち。この素ラーメンの上に、青菜を従えた主役の豚足がドーンと1本、コラーゲンに満ち満ちて鎮座ましますという光景だ。トロトロに煮込まれた豚足から、ほんのり香る八角が食欲をかき立てる。単品の豚足のスパイス煮（500円）でビールという楽しみ方もあり、一ツ星はこの豚クンのアンヨに捧げるものであります。

メニューを見回すと、他店ではあまり見掛けない珍品がちらりほらり。帆立とアスパラのミルクそば、鳥レバー煮そば（ともに850円）、グリーン野菜麺（900円）などなど。そのミルクそばを試してみれば、かなり塩味が強いものの具と麺がなかなかの調和を見せる。途中、辣油を垂らすと風味が増し、酢を加えても相性がいい。半ライスをもらってのミルク粥ならぬ、ミルク茶漬もイケそうだ。ニラ玉、海老チリなどの日替わりランチは620円から100円きざみで3種類。麺類に比べると割安感はあっても、味・見た目ともに精彩を欠いているのが惜しいのだが、近隣のサラリーマンには人気だ。

最近閉店して豚足が偲ばれる毎日。

福臨門
魚翅海鮮酒家
（ふくりんもんぎょしかいせんしゅか）

★
銀座6-13-16
03-3543-1989
無休

姿煮からは逃げの一手

この店を真っ向から攻め急いじゃイケません。全盛時の曙や武蔵丸を攻略するように、横から横から崩して活路を見出すのが正解。「何のことやらサッパリ判らん！」ってか？　まぁ、お聞きください。店名にも君臨している魚翅というのはズバリ、フカヒレのことです。当然この店の看板料理にして得意技。このフカヒレとがっぷり四つになったら、もうあきまへん。舌は喜んでもフトコロが持ちゃしまへんて。たった1切れのフカヒレ姿煮（1万9000円）のために玉砕したんじゃ元も子もないっちゅうこってすわ。ほな、どないしまひょ？

ここでは中国人の大好物を味わっていただきたい。一にも二にもおすすめするのは清蒸石斑。白身魚のはたの蒸しものなのだが、コイツが滅法旨い。中国料理に使われる最高のサカナはこのはたで、真はた・紅はた・きじはた・あずきはた・ねずみはたと千差万別、多種多彩。そのくせ味のほうはほとんど変わらず、どれもみな旨いのである。しかも残った煮汁をごはんに掛けるとこれがまたたまらない。炒飯・焼きそばにソッポを向きたくなるくらいだ。700gくらいのサイズで約3人前の2万円ほど。あとは活けの才巻海老をサッとゆがいた白灼生蝦を前菜替わりに。それと7、8月ならば、季節限定の空芯菜《くうしんさい》の油炒めは外せない。とにかくフカヒレ・あわび・燕の巣からは逃げの一手あるのみ。

嘉泉
（かせん）

銀座7-2-17
03-3573-4010
日休

麺に自信あり

埼玉県上尾市に本社のある「レストラン開発」という会社が都内で唯一経営するレストラン。ときおりランチに利用している。ある日のAランチ（1200円）は麻婆豆腐。玉子とコーンのスープ、ザーサイ、ごはんに杏仁豆腐付き。麻婆豆腐はもうちょっと花椒を効かせてほしいところだが味付けはいい。塩味の柚子鶏湯麺（1000円）はお気に入り。色白・中細・ストレートの麺がユニークで、しなやかな舌ざわりに、噛めばツルシコ、こういうのには滅多に出会わない。海老湯麺、担々麺も一食あるべし。

桃花源
（とうかげん）

♥
銀座8-6-15　三井アーバンホテル2F
03-3569-2471
無休

いい汗かける酸辣湯麺

はるばる熊本から銀座に進出してきた。かなりの人気店ながら、その評判に過度の期待をかけると肩透かしもありうる。ただ天井の高い快適な空間で楽しむ四川料理はじゅうぶんに水準をクリアしている。乾焼蝦仁、陳麻婆豆腐、木須肉片などのランチはいずれも1200円でボリュームあり。スープ絶品の蝦仁湯麺、発汗必至の酸辣湯麺はこれまたともに1200円。残念なのは麺の柔らかさ。フウフウ吹いてる間にもどんどんノビてゆく。猫舌の方はハナから焼きそばに頼るしか手立てがない。

【名店二百選】

韓国料理

焼肉はもとより、韓国の宮廷料理・家庭料理を探し求めて銀座をさまよった。その結果、名店二百選に入選したのはたったの2軒、老舗「清香園総本店」と開店間もない「はいやく」だけであった。綾瀬に本店を構えて足立区では権勢を誇る「平城苑」が銀座2丁目と6丁目に出店している。六本木・麻布十番から新宿方面に展開していった「叙々苑」の高級バージョン「游玄亭」もマリオンの最上階に君臨している。でもやはり、そのような支店で食事をしていてはわざわざ銀座に出掛けて来た甲斐がないというものだ。

根拠があるワケではないから偏見に過ぎないかもしれないが、この街に焼肉は似合わない。ただ漠然とそう思う。

清香園 総本店

(せいこうえんそうほんてん)

銀座1-6-6
03-3561-5883
日休　土祝は昼すぎより営業

イチ推しは上ハラミ

もう15年以上も前のこと。リニューアルする前のこの店の2階で宴会を開いてヒドい目にあった。

換気が悪く煙りモウモウ、一同スモークサーモンならぬスモークヒューマンになりかけた。まつ、焼肉はこれが醍醐味という人もあろう。夏の夕暮れ、ジョギングのあとにそのまま直行というのが理想的な焼肉の楽しみ方なのだろうが、この日はスーツに匂いが移ってしまい、閉口した。それでもおいしかったことだけは覚えている。

再訪は2002年6月。ずいぶんとご無沙汰したものだ。店の前は何度も通っているのでキレイになったのは承知していた。今回入店してみて洗練された内装を確認。昔日の面影はまるでない。店を仕切るマダムの顔には見覚えがあった。

その夜はニューヨークからのゲストを案内したので、肉質のランクアップを図り、少々ゼイタクに。ビールとキムチとナムルを頼んでおいて、メニューに目を通し、次々にオーダーを入れる。上タン塩・極上ロース・上カルビ・上ハラミ・テッチャン。いずれも厚切りで、特にタンのブ厚いのは珍しくも、質は高い。極上ロースは見事な霜降り。しかしながら本日のベストは上ハラミ。とてもとてもチゲ鍋・冷麺にはたどり着けなかった。あとはチリ産の安価な赤ワイン、サンタ・リタ1本だけ。以上3人で3万7000円は高いのか？　食べすぎなのか？

韓国薬膳
はいやく
（かんこくやくぜんはいやく）

銀座4-10-10　銀座山王ビル B1
03-3547-3526
日休

ようこそ銀座へ

04年3月末にオープンしたばかり。真っ当なコリアンの誕生を素直に喜びたい。晴海通りの向こう側の「younhey《ユンヒ》」とは雲泥の差だ。あちらの骨付きカルビランチは骨ばかりで、ほとんど食べるところがなかったし、きゅうりとわかめの和えものなど小鳥の餌のごとくで、なんかバカにされた気分になったもの。

静岡県榛原《はいばら》郡の薬局「はいやく」と韓国は全《チョン》州《ジュ》の老舗「古宮」とのコラボレーション第1号店。薬膳を謳うくらいだから体には良さそう。それよりも味がいいのと、野菜をふんだんに食べられるのが魅力だ。

ビビンパ発祥の地・全州の本店は当然のことながらビビンパが目玉商品だが、ここではまず薬膳ランチ（１８００円）を試されたい。一汁八菜に十二穀飯はいずれも丁寧で上品な味付けだ。豚肉タップリのカムジャタンが一汁の役目を果たし、せりの味噌和え・ナムル・チャプチェ（春雨の炒め煮）・海鮮のジョン（チヂミ）・韓国海苔の胡麻油和え・レタスと水菜のサラダ・白菜キムチなど豪華な内容で、いかにもお食べ得。この日の日替わりビビンパランチ（１５００円）は本場の全州ビビンパ。これは石焼きではないスタンダード・タイプだ。そしてこの週の週替わりランチ（１０００円）は今が旬、鰆の韓国風煮付けであった。都内の桜も今が満開、春風そよぐ日の素敵な昼食でありました。

【名店二百選】

エスニック 無国籍料理

食の都・東京のウイーク・ポイントはエスニックだ。とにかく高すぎて本国の人たちが気軽にその国の料理店に入れない。オマケに日本人向けにアレンジされたりもしている。われわれは高い金を払ってニセモノを食べさせられているワケだ。人種のるつぼニューヨークならば、ホンモノを驚くほどの低料金で食べられる。リンカーンの演説ではないが、タイ人のタイ人によるタイ人のためのタイ料理を味わいたい。

無国籍は多国籍と言い換えてもいい。まぐろの刺身も、うさぎのコンフィも食べられる「滝八」のような二重国籍を持つ店もこのジャンルに収録した。ただし、すし・カレー・ラーメン・洋食などを全て提供してしまうデパートの食堂のような店はその限りでない。中華そば・インドカレー・ナポリタンはすでに日本国籍を取得しているからである。

サイゴン 銀座店

（ヴェトナム料理）

銀座1-3-13　阿吟ビル B1
03-3561-5314
無休

留学生でも行ける店

ヴェトナム戦争の終結から30年近く経って、サイゴンと聞いても若い世代にはピンとこないかもしれない。ホーチミン・シティの旧名である。

東京のヴェトナム料理店としては草分け的存在で、1号店はおそらく日比谷パークビルの1階にあった店だろう。このビルは以前、日活国際会館といい、館内のホテルでは石原裕次郎と北原三枝の披露宴も開かれた。30年前にはすでに開業していて、1年前までは銀座湯のそばにもう1軒あったが、いつのまにやら串焼き屋に変わった。すぐそばの京橋フィルムセンターに「ヴェトナム・アリス」が出店したので競合を避けたのかもしれない。

ヴェトナム風チキンカレーライスはもやしのサラダ付きで７８０円。サラサラのソースにドラムスティックがゴロンと2本、それにじゃが芋とにんじん。インドカレーとは違う、もちろん和風でもない独特のおいしさが東南アジアのカレーの魅力だ。フォー・ボー（牛肉のフォー）はバンクン（蒸し春巻）とネム（揚げ春巻）が付くセットで９２０円。パクチー（香菜）と八角が主張するフォーは実においしい。良心的な価格設定で、これならヴェトナムからの留学生も足を運べる。エスニック料理店はかくありたい。池袋の東口にある「サイゴン・レストラン」とはまったくの無関係。あちらは化学調味料が目一杯。命からがら退却した覚えがある。

デリー
銀座店
(インド料理)

★
銀座6-3-11　西銀座ビル3F
03-3571-7895
無休

いつわりのタンドーリ

湯島の本店は昭和31年創業のいわばインドカレーの草分け的なカレー屋さんだが、銀座店はかなり本格的なインディアン・レストランだ。もともとこの店のカレーは大好きで、ベンガルだのカシミールだの数種類が発売されているレトルトカレーをすべて制覇したくらいなのだ。レトルトによる味の劣化、風味の変化はこのブランドが最も少ないので、おすすめしたい。

ランチのセット、スカンディッシュタリ（1100円）というヤツを。内容はタンドーリ・チキン1片、チャナ豆カレー煮、マトン・コルマ、サモーサ、チャパティ、パパド、グリーンサラダ、ライス。もちろん薬味のアチャールやピクルスもタップリ。チキンが窯で焼かれたというより、タンドーリ・スパイスとヨーグルト入りのカレーソースをサッと煮からめた感じで変わっているなと思いつつも、おいしかったので、まっ、いいか。海老入りのドライカレー（900円）はライスの一粒ひとつぶが独立心を持った上等のカレーピラフに仕上がっている。

もっといろいろ食べてみたいと、土曜の夜に2人前6000円のラブリー・コースを。ヴァラエティに富んだかなりの豪華版。あまりおいしくない、ふっくらナンを食べたときにピンときた。この店にはチキンやナンを焼き上げるタンドーリ窯がないのだと。チキンはごまかせてもナンばっかりは無理でしょう。

ナイルレストラン
（インド料理）

銀座4-10-7
03-3541-8246
火休

猫も杓子もムルギーランチ

店名から察してエジプト料理店かと思ったら、オーナーのお名前がナイル氏であった。銀座最古のインド料理店でオーナーともどもテレビでお馴染み、ご存知の方も多いハズである。ほとんどの客が昼夜を問わずにムルギーランチ（1400円）を召し上がる。ステンレスのプレートには鶏のもも肉が1本、胸肉も多少入ってキャベツやじゃが芋などの野菜が添えられ、チャーハンのように丸く型取りされたターメリック・ライスがこんもり。味もボリュームも不足はない。リピートするならチキンマサラをどうぞ。

グルガオン
（インド料理）

銀座1-6-13　ギンザ106ビル B1
03-3563-0623
無休

チキンをもっとジューシーに

お昼の3色カレー（1000円）がグッド。豚挽き（辛口）・なすとポテト（中辛）・海老（甘口）の3点セット。いちいち指摘するほどの辛さの差はない。豚挽きのカレーがデキのいいミートソースといった味わいで、もっともよかった。海老はトマトの酸味とクリームのコク味のバランスがよく、ターメリック・ライスの炊き上がりも上々だ。タンドーリ・ランチ（1300円）はチキンとシシカバーブの窯焼きにカレーのコンビ。焼きものがもう少々ジューシーだったら一ツ星。

ダルマサーガラ

（南インド料理）

★

銀座4-14-6　ギンザエイトビル2F
03-3545-5588
日休

お釈迦様にも食べさせたい

2003年10月にオープンしたばかりなのに、すでに銀座でナンバー・ワンのインディアンと言っていい。南インドのバンガロール出身の料理人が精魂こめて作るカレーの数々は一食の価値、大いにあり。

ランチタイムのミールス・セットが一番人気で店内を見回したところ、9割以上の客がこれを注文している。その内容は、ラッサム（酸味と辛味のスープ）、ポリヤル（ポテト主体の野菜のスパイス炒め）、マトンカレー、ライタ（ヨーグルト・サラダ）、アチャール、ライス、小さなプーリとパパド、それにコーヒーかチャイ。これが何と千円札1枚ポッキリ。とうとうデフレもここまで来たかというよりも、ブッダの教えに導かれた良心的な価格設定に敬意を表したい。どの料理も丁寧にスッキリと作られていながら、立ち上る風味は本格的。ラッサムからはクミンの香り、マトンカレーはカルダモン、鼻腔をくすぐり舌を喜ばせる。こういう店こそが銀座に必要だった。カレーだけに集中してガッツリ食べたい向きには同じく1000円のカレーライス・セットもある。

壁のあちらこちらに英語のダルマ（ブッダの言葉）が額入りで掲げられている。これがかなり難解で生半可な英語力では理解するのに一苦労。なお店名のダルマサーガラとは梵語（サンスクリット）で仏法の大海を意味している。

瑛舎夢

（えいしゃむ）
（欧風インド料理）

銀座6-12-15　西山ビル2F
03-3289-1030
日休　祝日は夜のみ営業

インド料理に イタリアワイン

　一風変わったインド料理店である。お店の言葉を借りれば、インド宮廷料理を基本にしたユーロ・インディア・キュイジーヌということになる。ほかのインディアンでは見掛けないユニークなメニューはニューヨークあたりではフュージョン（融和・融合）あるいはエクレクティック（いいとこ取り）と呼ばれるものだ。以前は銀座通りの西側、いわゆる西銀座にあったのが、だいぶ東に移動した。

　イタリアものを中心にワインの品揃えは自慢してもいいだろう。しかも値付けが非常に良心的。この精神はレストランの鑑とも言えるもので、他店もぜひ見習ってほしい。特に「ピンキオーリ」さん。

　カンタルーポのゲンメ'94年（６４００円）を選んでおいてエビスの中生で乾杯。もっと軽いビールも置いてほしいな。サーモンとポテトの炒め（８００円）は赤ワイン風味のオニオンソースでこれはなかなか。パンジャブ風ドレッシングのグリーンサラダ（９００円）は、ちと甘すぎるんでないかい？　宮城県のかおり鶏を使用したタンドーリ・チキン（１０００円）がジューシーにしてスパイシー。この店のイチ推しだ。テイクアウトして翌日食べた海老のバター・マサラ（１２００円）がまたしても甘かった。

　おすすめワインは、オルネライア'98年（１万１５００円）、バローロ・ポデーリ・アルド・コンテルノ'97年（1万３０００円）。

ダリエ

（ルーマニア料理）

銀座7-8-5　植松ビル B1
03-3573-3630
日休

一皿盛りの三大名物

日本でただ1軒のルーマニア料理店。

ルーマニアといえば真っ先に女子体操のナディア・コマネチを思い出す。最近、旧ソ連による得点カサ上げの暴露本が出て、彼女の周辺もおだやかではない。東欧諸国唯一のラテン民族国家の料理は近隣のウクライナやハンガリーと似通ったところがあり、肉は羊、サカナは鯉がよく食べられる。

ピノ・ノワール、メルロー、カベルネ・ソーヴィニョンと赤ワインの三大セパージュ（品種）がすべてルーマニア産で揃って、なかなかのワイン大国だ。ここは敢えて同国の固有品種で仕込まれたフェテアセア・ネアグラ'97年（4000円）を試してみる。但し書きには渋味のあるボディと記されていたが、丸みを帯びて、黒海の向こう側のアルメニアやグルジア産にも似た伸びやかさがあっていい。

前菜のたら子のタラマがおいしい。本国では鯉の真子で作るそうだ。紅白のキャベツの酢漬は白菜の新香を古漬にしたカンジ。なまずのサラムラ（ガーリック風味のスープ煮）には国民的主食のママリーガ（イタリアのポレンタにそっくり）が添えられる。そしてメインのムンカーレ・ミックス・ロマネスクは名物料理の盛合わせ（2100円）。ミティティ（ハンバーグ）、サルマーレ（ロールキャベツ）、ムサカの3品にやはりママリーガ。うっかり注文を忘れると、平均台から落下したような気分になりますよ。

ケテル

（ドイツ料理）

★

銀座5-5-14
03-3571-4642
無休　夜のみ営業（1階は昼夜営業）

三島の愛した生の牛肉

昭和5年創業、日本最古のジャーマン・レストラン。ハンブルグ出身の初代から数えて現当主が三代目にあたる。1階は気軽に使えるビアパブで、地下はそれなりの格調を誇るレストラン。2度の大戦を乗り越えて、「よくぞ銀座に残りけり」だ。

ドイツと言えばビールで、それならビアホールのほうが気が置けないからと、1階を利用しているが、どちらかといえば「ゲルマニア」や「ローレライ」に行く機会のほうが多かった。これだけの老舗レストランなのに初見参は02年6月。エーデル・ピルス、イェーヴァー・ピルスナーとビールを続けて、合いの手にはにしんとりんごのクリーム・マリネ（800円）を。'97年ブルゴーニュの赤、ペルナン・ヴェルジュレス（8300円）で、ハンブルグ名物のうなぎの燻製のカナッペ（1700円）とハンガリー風ビーフシチューのリーデン・グーラッシュ（3600円）。このシチューから上等のすき焼きを思わせる風味が立ち上り、実においしい。

肉料理をもう1品、生食OKの牛フィレ肉を使用したドイツ風ハンバーグ・ステーキ（3600円）を店側のおすすめ通りにレアで焼いてもらう。じゃが芋・にんじん・いんげんの付合わせも丁寧で、銀座にこれより旨いハンバーグはない。タルタル・ステーキ用の肉を焼き上げるのだから、さもありなん。三島由紀夫もこのタルタルを愛したが、間もなく長い歴史に幕。

ゲルマニア

（ドイツ料理）

銀座5-9-17　あづまビル2F
03-3572-2461
日祝休　夜のみ営業

♪みんなで歌おう「乾杯の歌」♪

陽気に楽しいジャーマン・ビアレストラン。ヴォーカル付きのライヴ演奏が夜な夜な4回も。音量は大きいし、繰り返される「乾杯の歌」など耳にタコができるくらいだ。それでも生の音楽はありがたく、アコーディオンがリードする「チャルダーシュ」が大好き、この曲を聴かずして帰れない。壁の一画には池田満寿夫氏のグラフィティがさりげなく。巨匠もその夜はゴキゲンだったのだろう。日付けは92年12月12日。

手間を惜しまずに作ったジャーマンポテト（700円）は誰しも注文。でもお腹がくちくなるので小人数のときには回避したい。ボクの必食はパキパキ感も快適なウインナー・ソーセージと繊細なザウアークラウト。季節ならば鳥羽産の生がきや、つぶ貝のエスカルゴ風も。目玉焼きが添えられたハンバーグ・ステーキもおすすめ。合挽きが好みなのだが、ここのは100％ビーフでありながらジューシーにしてまろやか。しかもくだんのジャーマンポテトとキャベツの炒め煮が脇を締める。

フロア担当の小柄で元気なオバちゃんは女主人の妹さんだ。口八丁手八丁で訪れるたびにアイスバインをローストしたシュヴァイネハクセン（3500円）をオッツケられる。他店にはない稀少な1品は旨いけれども小人数にはデカくてなぁ。料理のボリュームと上手に折合いをつければ、1人で来店してもちっとも寂しくないスポットである。

プエルト・デ・パロス

（スペイン料理）

銀座7-2-11
03-3574-7387
無休　土日祝は夕方より営業

意欲に燃えるコロンブス

ランチのパエリャが人気だが、この店の真価はやはり夜。サングリアを止めはしないが、せっかくリオハやリベラ・デル・デュエーロの赤ワインを手頃な値段で楽しめるのだから、そうしたい。料理もとてもおいしいし、品書き豊富で目移り必至につき、カップルよりもグループが断然おすすめ。ハモン・セラーノ（１２００円）は熟成の塩梅よく食べ頃。いわしの酢漬のボケロネス（９００円）はとてもいいデキながら、真いわしではなく、本場同様に片口いわしを使っていただきたい。ムール貝の白ワイン蒸し（１０００円）は火の通し浅めでソフトな仕上がり。逆に国民的玉子料理のフラメンカ・エッグ（９００円）は焼きすぎて玉子がパサつき本日のワースト。ガンバス・アル・アヒーヨ（１０００円）はガーリック風味の海老のオリーヴ油煮だが、これももうちょっと生でいい。チョリソ（１２００円）、牛ミノ煮込み（１３００円）はそれなり。スペイン風ブイヤベースのサルスエラ・デ・マリスコス（１５００円）は直訳すると「魚介たちの喜歌劇」。いい味を出しているが主役の銀だらが少々脂っこく、淡白な白身魚でお願いしたい。第一このサカナ、スペイン近辺には生息していない。日本に来るのはほとんどアラスカ産。厚切りジューシーな骨付きポーク・ソテー（１７００円）が本日のベスト。

店名は「パロスの港」。コロンブスが新大陸に向けて出帆した港である。時に１４９２年。

ad Lib

（アド・リブ）
（無国籍料理）

★
銀座8-12-15　八千代産商ビル B1
03-3248-5544
日休

地下に降りればリラックス

1階はフレンチの名店「ル・マノアール・ダスティン」。そのカジュアル版の姉妹店。どちらの店もオーナーはI嵐氏。自分の趣味や欲求で支店を出しちゃうヒトで、仕事帰りにワインが飲みたくて東銀座に「カーヴ・ドゥ・ヴィーニュ」を開いたかと思うと、家族団欒の食事を楽しみたくてこの「ad Lib」だ。事実ファミリーのディナーに遭遇したこともある。料理は無国籍、あるいは多国籍といっていい。冷製フォワグラ（1800円）がイチ推し。2000円でワイン持ち込み可。

A Votre Sante Endo

（ア・ヴォトル・サンテ・エンドー）
（無国籍料理）（旧・Nitoh Corner）

銀座4-12-20　2F に移って店名変更
03-3543-9576
無休

必ず頼もう本日の小皿

てっきり日東紅茶の直営店と思いきや何の関係もないそうだ。良心的な価格で実のある料理を食べさせてくれる。そこいらの創作料理やエセ無国籍とは雲泥の差、ホンモノがここにある。ワインの値付けも好ましい。何を差し置いても絶対の必食は本日の小皿。ある夜はシーザー風サラダ、ちゃんとクルトンも付いて何とこれが100円ポッキリ。ほかのおすすめはチュニジア風ラタトゥイユ（900円）。そしてラム肉・ソーセージ・ひよこ豆に野菜タップリのクスクス（1900円）だ。

グレープ・ガンボ

（無国籍料理）

★

銀座5-9-6
03-3569-7388
日祝休　夜のみ営業

男と男が集う店

この店をワインバーのカテゴリーで捉えるグルメ雑誌やガイドブックが多いが、そうではないだろう。中にはワインが主役、料理は脇役などとのたまう評論家まで現れる始末、木を見て森を見ぬ御仁の何と多いことよ。むしろヘタなレストランより、よほど男っぽいパワフルな料理が食卓を占拠する。ルイジアナに今も残るケイジャン料理を主軸に、フレンチとイタリアンのフレーヴァーも加味して、ある意味、突き抜けた完成度を見せる。男性客が圧倒的で、カップルを見掛けたとしても、おちゃらけたのはまずいない。

シンガポール赴任時代の友人2人を伴って来店。1人は同胞、1人はパキスタン出身でともに大の肉好き。エーデルピルスの生で乾杯し、ピオ・チェザーレのバローロ'93年を抜いてもらって、アペタイザーの数々を賞味。しまあじのカルパッチョは新鮮で食感コリコリ。タイム風味のベイクド・クラムははまぐりのエキスいっぱい。焼き色を付けた芽キャベツのフリットが香ばしい。ブーダン・ノワールは「ル・マノアール・ダスティン」のそれとは異なる柔らかタイプで、添えてあるのもベイクド・アップルだ。メインの巨大なTボーン・ステーキはニューヨークはブルックリンの「ピーター・ルーガー・ステーキハウス」を彷彿とさせる存在感。かくして2人は満足、ボク満腹で2階に上がり、キューバ産のコイーバをくゆらす。男に生まれてよかったぜ。

滝八

（たきはち）
（多国籍料理）

銀座4-9-15　銀座吉岡屋ビル B1
03-3544-8088
無休

レストラン界の宮本武蔵

この6月でオープン1周年。供する料理は和食とフレンチ。日仏のフュージョンではなくて、それぞれに本格派。したがって無国籍ではなく多国籍、人間で言うと二重国籍ってヤツですな。オーナーの実家が築地市場でまぐろの仲卸し業を営んでいることに起因している。ブルゴーニュに造詣の深いマネージャーが選びぬいたワインの数々もなかなかの充実ぶりだ。

鮪3種盛り（1500円）は赤身・中とろ・中落ち。これに本わさびがタップリと添えられる。さすがでんがな、嬉しいがな。肝腎のまぐろトリオも、中とろに少々筋が立っている程度で、じゅうぶんに満足のいくモノ、割安感を感じる。シャキッとした岩もずく（600円）の品質に、巷の居酒屋では太刀打ちできまい。岩手は広田湾の養殖がきに軽く火を入れたかきグラタン（800円）、味付けが濃かったが、しゃぶりがいのあるはたのかぶと煮（900円）も賞味した。フレンチでは、薄紅色の仔うさぎもも肉のコンフィ（1500円）が白眉。上質のロースハムよりもキメの細かいシットリとした食感を新じゃがとともに楽しむ。牛みすじ肉（片脇ロース）のロースト（2000円）は袈裟がけにサシが入って、脂の乗った牛肉を好む方には垂涎。似たタイプの店に、佃の「レストラン・サエラ」があるが、和洋を折衷せずに、2本立てで押し通す店がもっと増えていい。無国籍よりも多国籍を支持したい。

【名店二百選】

カフェ・軽食・喫茶

このジャンルは銀座の得意種目、これでもかこれでもかと、名店が目白押しである。お茶するだけでもウキウキする店の数々は、銀座の大きな魅力の一つになっている。ただし「本書の使い方」でも述べたように、飲みものとお菓子だけのところは除外し、たとえホットドッグやそうめんだけでもメニューに載せていれば、選出の対象とした。甘味処の定番のお雑煮は小食の方なら軽い食事にもなりうるが、どう扱ってもやはりおやつの範疇だろう。同様にフルーツパーラーのフルーツサンドもサンドイッチとは別物として扱った。お好きな女性には失礼を承知で申し上げるが、アレを食事代わりとする人の気がしれない。

見かけは喫茶店そのものでも伝統のある老舗ではとても良質なランチをいただくことができる。心の片隅に留めておいて損はない。

東京銀座 凮月堂 銀座本店

（とうきょうぎんざふうげつどうぎんざほんてん）

銀座2-6-8
03-3567-3611
無休　10時開店

洋食屋顔負けのビーフシチュー

6丁目の銀座凮月堂本店とは枝別れした別会社。ルーツをたどれば19世紀前半までさかのぼることになる。現在ではそれぞれに分離独立、日本全国に展開していて、どの店がどの系統なのかはあまりにも複雑、調査する気すらおこらない。数あるうちの未だ数軒しか利用したことはないのだが、銀座通りを見下ろすこの店がイチバン好きだ。まず店内の雰囲気がいい。心のこもった丁寧なサービスにも好感が持てる。コーヒーより紅茶に重点を置いたティールームはフードメニューも充実している。

土曜の昼下がりのビーフシチュー・セット（１６００円）はかなりまともなサラダ（市販のドレッシングが誠に残念）にトースト（ガーリック・トーストでも可）と紅茶（コーヒーでも可）が付いた。このシチューが下手な洋食屋よりずっと旨い。バラ肉がジックリジワリと煮込まれて、赤ワインのパンチの効いたソースも本格的。若鶏のフリカッセ（クリーム煮）もビーフシチューには及ばぬものの水準をクリア。こちらのセットは１４００円。手抜きのない温野菜の付合わせもうれしい。女性におすすめなのはアフターヌーン・ティーセット（１４００円）。ハムとトマトのサンドイッチにピクルス、マフィンとチョコレート・ケーキに飲みもののセット。ここは英国風にミルクティーでいきたい。もちろんクリームではなく牛乳で。

アンリ・シャルパンティエ 銀座本店

銀座2-8-20
03-3562-2721
無休　11時開店

パリの香りのオレンジ

パリからやって来たケーキ屋さん。地下のサロン・ド・テで軽いランチを提供しており、無視するワケにもいかずに訪れた。のどが渇いていたのでまずはフレッシュ・オレンジジュース（1200円）。なめらかでおいしい。読者は信じてくれまいがパリの味がする。搾り立てのオランジュ・プレッセそのものだ。クロック・ムッシュ（800円）はボンレスハム・グリュイエール・ベシャメルのバランスがいい。ロックフォールのペンネ（900円）も標準以上。マスカット風味のアイスティーなど珍しいものも。

文明堂カフェ 東銀座店

（ぶんめいどうかふぇひがしぎんざてん）

銀座4-13-11
03-3545-0006
無休　9時半開店

大晦日の厚焼きトースト

♪カステラ一番、電話は二番、三時のおやつは文明堂♪——あの文明堂の直営カフェ。毎年大晦日のブランチに出掛けることが多い。数年来、大晦日の夜は自宅でとり鍋と決めていて、その食材を築地の宮川鶏肉店で買い求めたあとに訪れる。気に入りは厚焼きトースト。バターはタップリ塗るが、いちごやブルーベリーのジャムは使わない。これにアッサムのミルクティーで800円。パストラミ・チキン・チーズの入ったホットサンドのセットは900円。チキンカレーやオムハヤシより、パンものがおすすめ。

ニューキャッスル

銀座2-3-1
03-3561-2929
日祝休　土曜は17時閉店

あの鐘を鳴らすのはワタシ

99年7月に初めてここのカレーライスを、おっと、この店では「辛来飯」と呼ぶのだった。第一印象はあまり良いものではなかった。フード・ダイアリーにはこう記されている。「かなり油っこく、味も塩気が勝っている。好きなタイプではなく、大森ですら小盛りの感じ。上に乗った目玉焼きだけはサニーサイド・アップで美しい」――これでは当然、二百選もれ。片道切符で忘却の彼方に旅立っていただいた。

ところがである。最近この店を強く推す声を聞いた。声の主は勤務先のマドンナで、自他ともに認めるカレー・エキスパートのN子嬢。「それは何かの間違いでしょう。ワタシは好きです！」――こうまで言い切られるとネ。

かれこれ5年ぶりの再訪と相成った。近所でクロック・ムッシュを食べたあとなので、小盛りサイズの大森（630円）でいく。この店のカレーはサイズによって京浜東北線の駅名で呼ばれていて、最大の蒲田が巷の普通サイズ。小さい品川・大井は注文する客とていない。相変わらずのキレイな目玉焼きに、昔のカノジョに再会した気分。一サジすくって口に運ぶと、「ありゃりゃ、全然ベツモノでないの！」――だって最初に穏やかな甘みが舌に来て、直後にスパイスの醸し出すコクのある香りが鼻腔に抜ける。N子は正しかった。思わずカンカンカンカンと合格の鐘を打ち鳴らしていたボクでした。

北欧 新橋店

(ほくおうしんばしてん)

♥

銀座8-5-5　ギンザ9　2号館
03-3572-1926
無休　10時開店

どっちの皿でショー!?

　最寄り駅が新橋だから、新橋店を名乗ってはいても、住所はれっきとした銀座。03年3月にクローズしたが、それまでは銀座2丁目に本店があったのだ。やはり住所は銀座の有楽町店（銀座インズ）、八王子店と合わせて3店舗となった。

　おいしいコーヒーを飲ませる。ブレンドが550円。モカやマンデリンなどのストレートが650円、ブルーマウンテンで850円だ。紅茶もダージリン、アッサム、セイロン・ウヴァなどみな550円。スタバ、ドトールもお手軽、お気楽でケッコウだが、たまさかこのようなくつろぎの空間に身を置いてみるのも悪くない。いや、置いてみたい。

　この店が全国的に知られるようになったのは日本テレビの「どっちの料理ショー」のキッシュVSホットサンド。ホットサンド側のおいしい応援団として登場して名を上げた。名代のホットサンドは2種類を盛合わせたのが2タイプ、計4種類。ハム・タマゴとツナ・コールスローの皿が600円。コンビーフ・ポテトとハム・チーズが650円。それぞれ400円追加でサラダと飲みものが付く。マスター曰く「うちのホットサンドの決め手は粒マスタードです」。ボクが好きなのは一にハム・チーズ、二にツナ・コールスロー。付合わせのサラダも真っ当なものだ。午前中の早い時間なら、厚焼きトースト（400円）に食指が動く。

トリコロール
本店

銀座5-9-17
03-3571-1811
無休　8時半開店

食べもの商売の原点

　その顔は単に銀座の老舗コーヒーショップのみに非ず。「ハロッズ・ティーサロン」、「晋風樓」などを傘下に収める総合外食産業でキーコーヒー・グループの一翼を担う。

　3月の初め、日経ＭＪ（流通新聞）に社長のS田氏のインタビュー記事が掲載されていて、興味深く読ませていただいた。食べもの、料理に対する姿勢がとても真摯な方で、特に共感を覚えたのはこの言葉。「食べもの商売は結局、うまいかまずいかですから」――おっしゃる通りです。基本中の基本を失念している外食産業経営者の何と多いことよ。もっとも株主のために利益を追求しなければならぬ株式会社は本来、食品を扱う企業に相矛盾するものがあるのだ。

　週末の朝の客層はなかなかの迫力。常連ばかりで、みなさんこの界隈の住人とお見受けした。なかにはウェイトレスを口説き始める爺さんまで現れる光景。まっ、それはそれとして、必食科目は名代のエクレアのほかに、ランチのサンドイッチ・セット。通常は１５００円の商品が１０００円と破格だ。ローストビーフのサンドイッチを食べてビックリした。薄切りのトーストにトマトも入ってバランスよく、ビーフの焼き上がりもとてもいい感じ。これにコーヒーか紅茶、そして小さなかぼちゃのプリン。ことこのサンドイッチに限っては帝国ホテルの上をゆく。

ダロワイヨ
銀座店

銀座2-6-16
03-3567-1930
無休　10時開店

東京一のバゲット

この店のバゲットが大好き。東京でナンバー・ワンと確信している。勤務先に近い日本橋の三越本店でも手に入り、重宝している。やはりパンものメニューがいい。「トリコロール」とはタイプが異なるけれど、粒マスタードの効いたローストビーフのサンドイッチ（１５００円）がおいしい。Ｂセット（１５００円）が充実していて、サーモンのテリーヌ、蟹ドリア、３種のパンとバター、洋梨のシブーストをミルクティー（コーヒー可）でお願いした。ドリアなどライスものが力不足で星を一つ逃がすことに。

OJI SALMON GINZA DELI
（オウジ サーモン ギンザ デリ）

銀座3-7-12
03-3567-6759
無休

紙と鮭の王子様

さすがです。王子製紙本社ビルの真ん前で洗練されたデリ・フードを提供している。60年代に製紙の副社長がロンドンで食べたスモークサーモンに魅せられて、製造を開始したという曰く付きの１品はつとに有名。２種類の具を半分ずついただけるベーグルセット（６８０円）のハーフ＆ハーフはくだんのサーモンとハーブチキン。サーモンは言うに及ばず、チキンも鶏肉の旨みじゅうぶん。３種の惣菜を選ぶデリセット（８８０円）も上デキ。レンジでチンしたライスもおいしい。現在料飲部門のサービスを停止中。

ワタナベコーヒー

銀座1-4-9
03-3564-1480
土日祝休　営業時間8:55～17:30

昔気質《かたぎ》のコーヒーショップ

もともとはコーヒーの豆売り専門店として並木通りに店を構えていた。柳通りに移転して、喫茶スペースを併設してから、早くも40年、昔ながらのコーヒーを提供している。挽いた豆をキッチリ量って1人前が12～13グラム、これをドリップで落としたら、しばしそのまま置いてコクを出し、おもむろにサーヴする。今どきこんなことをする店はほとんどないだろう。ブレンドコーヒーは３５０円。普段５００円のブルーマウンテンが水曜・木曜は３５０円の特別料金となって、この日を狙い打ちにするサラリーマンも多い。店主ご夫妻と若い女性たちの客あしらいがとても快い。往年の銀座はこうであったろう。新興のコーヒー・チェーンでは天地が逆さまになってもこんな気分は味わえない。開店時間の8時55分というのがなんとも言えず、この心配りの判る方にはぜひとも訪れていただきたい。

厚焼きトーストとコーヒーのセットが４３０円。紅茶もあることはあるがそこはコーヒー専門店、セットにはならずに３８０円。トーストは単品で２００円だから、明らかにコーヒーがお得。ホットドッグがなかなかで、こちらは２３０円。トーストのセットと合わせると、立派なランチの出来上がりだ。目の前にはカレーライスの「ニューキャッスル」というロケーション。あちらで小盛りの大森カレーをいただいて、こちらのホットケーキ・セット（４５０円）で仕上げる裏ワザをＯＬさんに伝授したい。

ブルックボンドハウス

銀座1-3-1
03-3535-1105
無休　11時開店

やっと気づいた銀座の盲点

西銀座でも人通りの少ない一郭にある。外堀通りと桜通りの角は銀座の盲点かもしれない。全店禁煙。香りが命の紅茶専門店としては当然だろう。あまり間食はしないタチなのでアフターヌーン・ティーセット（１９００円）はまだ試していない。もっぱらサンドイッチと紅茶のセット（９５０円）をランチに利用している。ある昼下がりにセイロン・ウヴァでくつろいだとき、添えられたショートブレッドとの相性の良さに目を見張った。テアトル銀座やプランタンの帰りに立ち寄るには恰好のスポット。

ウエスト
本店

銀座7-3-6
03-3571-2989
無休　9時開店　土日祝は12時開店

お替わり自由の老舗喫茶

あちらこちらに支店があるが、1度は銀座本店を訪れたい。昭和22年創業、ボクの生まれた日に倒れた林芙美子も贔屓にした。飲みもの付きのミックスサンド（ハム・野菜）は１３００円。薄切りトーストは飲みものとポタージュが付いて１０００円。ドライケーキはどこでも買えるが、生ケーキは喫茶部のある店舗にしか置いていない。この店での注意点は底の深いスプーン。スープが飲みにくいのはガマンできても、ついうっかりコーヒーに砂糖を入れすぎてしまう。もっともコーヒーはお替わり自由ですけれど。

二百選にあと一歩の優良店

すし処銀座
きたむら

(すしどころぎんざきたむら)

銀座4-3-2　橋ビル B1
03-3564-3640
日祝休

裏漉しされた真だらの白子

松屋通りをちょいと裏路地に入ったところで立看板を発見。すし屋の善し悪しを見分けることにかけてはハナの利くほうなので、二百選候補としてマークした。店舗は地下だから店構えは判らぬが、看板の様子から大丈夫だろうと決め打ちする。数週間後、電話予約を入れて見参。生のとり貝でスタート。いきなり混ぜわさびが来たので、おろし立ての本わさびに替えてもらう。本日初入荷の生ほたるいか、たら白子を裏漉しした茶碗蒸し、小肌、めじまぐろ、みな良し。にぎりはすしネタと酢めしのバランスに難あり。

花籠味

(かこみ)
(和食)

銀座8-7-8　三有ビル2F
03-3574-6072
土日祝休　夜のみ営業

江の川の若鮎

関西割烹で修業した店主が独立して、より大胆な和食を供する。おまかせ一本ヤリで、かなりのボリュームの料理と、それに見合った銘酒の数々を楽しませてくれる。真鯛カマ入りの潮汁は豪快。刺盛りはその真鯛・さより・赤貝・たこ・ほたるいか。残念ながら本わさびではなかった。この点が解消され、全体的にデリカシーが加味されれば二百選入り。島根は江の川産の若鮎がすばらしい。この塩焼きが1人アタマ5尾。店主のT口さん、次回の本わさびを約束してくれたし、今度は松茸のシーズンに出掛けてみよう。

のと半島 時代屋

(のとはんとう じだいや)
(郷土料理)

銀座5-10-11
03-3574-0252
日祝休　夜のみ営業

Wチャージはイケません！

この店とは関係ないが、石川さゆりの「能登半島」が好きだ。いきなり脳天から声を出すところがいい。この店では能登から取り寄せた海の幸をぞんぶんに楽しめる。馬づらはぎの肝和え、げんげんぼうの干物、輪島焼き海苔。加賀野菜では金時草の酢のもの。品書きを眺めていると目移りして仕方がない。気に入りは耳いかのねぎ焼き（850円）。2個の耳を持つ小さないかがユーモラスで可愛い。欠点はお通し（500円）のほかに10%のサービス料をとること。これはあざとい。改めれば二百選入りなのに。

古川

(ふるかわ)
(洋食)

銀座5-7-10　ニューメルサ7F
03-3574-7005
無休

二百選からすべり落ち

2001年12月のことでした。11時45分には30席ほどある店内が満員。男性はボク1人。正直ビックリした。女湯に迷い込んだみたいで、思わず前を隠しそうになった。サラダはサッと出たが、海老フライとカレーピラフのクリームカレーソース（2200円）はかなり時間がかかる。料理は楽に二百選のレベル。しかしビーフシチューを試すために、開店時間の11時を20分も回って再訪したら、準備の都合であと15分待つように言われてプッツン。理由はただただ準備の都合。名店にはあるまじき言い訳だ。

勝よし

（かつよし）
（とんかつ）

銀座3-4-8
03-3561-0396
土休　日曜は中休みなし　18時閉店

畳席なら帰りましょう

とんかつで二百選入りしたのはわずかに1軒。銀座はとんかつ不毛の地。その中で大健闘といっていい。いろいろ試したくて3度も通ってしまった。すべて昼の定食だったが、ロースかつ（950円）、海老フライ・メンチかつ盛合わせ（950円）、穴子フライ（1000円）と食べてベストはロースかつ。キャベツ・味噌汁・野沢菜・ごはん、みな合格。いけないのは奥の畳席。すぐ脇にカウンター席があって、畳に座ったら運の尽き、客のお尻と椅子の脚を鼻っ面に突きつけられての食事、こりゃあんまりでっせ。

ぎんざ 磯むら 本店

（ぎんざいそむらほんてん）
（串揚げ）

銀座4-10-3　セントラルビル B1
03-3546-6964
無休

ごはん味噌汁お替わり自由

ランチは900円から2200円までの4種類。串揚げの本数が、8、8、10、12と増えてゆく。最初の2種は本数は同じだがサイズが違うようだ。8本1200円のコースを。砂肝・かぼちゃ・海老・アスパラ・帆立・ピーマン肉詰め・梅かまぼこ・しいたけ肉詰め。たくあんは貧相なれど、お替わり自由の味噌汁とごはんはグッド。味噌汁をお替わりする客が多いのは意外だった。串揚げとなるとどうしても「五味八珍」と比較してしまう。その差は大きく、夜に行く気になれない。銀座プラザ・神奈川各所に支店あり。

銭形

（ぜにがた）
（居酒屋）

銀座7-11-10
03-3571-1005
土日祝休　夜のみ営業

♪男だったら一度は食べる♪

「八丁堀の松殺しの下手人が挙がったってえじゃねェかい？　ハチ、ひとっぱしり走りねェ！」――水曜日の午後8時が懐かしいねェ。原作者の野村胡堂に、銭形平次のように大衆に愛される店を作ると誓って、屋号を拝受した。もう一つ知られているようで知られていないのが、豚肉生姜焼きの元祖がこの店だということ。残念なことに03年の夏をもってランチの営業を取りやめた。生姜焼きをごはんの友とすることがかなわない今、夕刻に酒の肴とするほかはないが、元祖の名にふさわしい美味ですぞ。

やまちゃん

（ラーメン）

銀座3-11-10
03-5565-1838
無休

長浜屋台の人気店

博多は長浜の魚市場前が本店のようだ。地元ではかなりの人気屋台。日本全国の有名ラーメン店のカップ麺製造を手掛ける北海道の十勝新津《にいつ》製麺から、この店のものも出ている。長浜ラーメン（６００円）にはチャーシュー2枚に万能ねぎ。ストレートな細麺の硬さを問われるが、硬めでお願いしてもけっこう柔らかいから、バリ硬くらいでちょうどいい。スープはマッタリまろやかでおいしく、多少の油っこさ、塩辛さはランチタイムにサービスされる小ライスで中和させてしまおう。

ヴァンピックル

（ワインバー）

銀座4-3-4　銀座屋酒店ビル2F
03-3567-4122
無休　夜のみ営業

アイデアはいいけれど

フランス風のバーベキューとポトフとワインの店。平たく言えば、焼き鳥屋にしておでん屋。豚つくね（380円）、フォワグラ（980円）、ホロホロ鳥（1500円）など、ぶどうの枝で焼くバーベキューはおいしい。仔牛タン（400円）、豚のしっぽ（400円）、玉ねぎ（250円）などポトフは旨味が抜けている。狭苦しいカウンターは居心地が悪いし、チョコチョコ頼むと結構な金額にもなる。本家の「オザミ・デ・ヴァン」同様、立て混むワリに舌の肥えた客はまばらで、お子ちゃまが目立つ。

クロ・ド・ミャン

（ワインバー）

銀座7-3-13　ニューギンザビル1号館2F
03-5568-4777
日祝休

欠けているのは思いやり

さすがに大阪の人気店。キャパが小さいこともあって予約なしではまず入れない。フードメニューは味・ボリューム・価格・ヴァリエーション、すべて合格点をクリア。築地石宮仕入本まぐろ赤身はまずまずだが、そこまで氏素性を名乗るとイヤミ。猪のスペアリブはおいしかった。サービス担当が不慣れの上、ワインリストもなく、好みのタイプと希望の価格帯を申告するシステムは時間のムダだ。店主の客あしらいが誠意と温かみに欠ける。関の東西の習慣の違いはあろうとも、銀座をバカにしてはイケませんよ。

船見坂
(ふなみざか)
(ラーメン)

銀座2-12-11
03-5565-5541
無休

レベルはかなりの函館塩そば

札幌の味噌、旭川の醤油とくれば、函館ラーメンは塩だ。函館の朝市にほど近い「星龍軒」の塩ラーメンは絶品だった。あのおいしさをもう1度とばかりに、まずは塩そば（600円）。塩味の強い透明のスープに、細打ちまっすぐ真っ黄色の麺。好きなタイプのラーメンで二百選入りのレベル。殻付きあさりが7～8個入った浅利そば（800円）もとてもいい。ただ塩味のつけ麺（700円）がいかんせん塩辛すぎた。塩がトンガッたまま舌を直撃。大盛りも同じ値段、昼はかなりヤワだが半ライスもサービス。

ヴォーヌ・ロマネ
(フランス料理)

銀座5-11-13　幸田ビル2F
03-3547-1805
月休

ランチタイムは女の都

お昼のクイック・ランチ（1500円）が一応おすすめ。和定食のようにまとめてドンと来てもらえると手っ取り早いが、軽めとはいえコース仕立てのフレンチはそこそこの時間が掛かり、会社勤めの身には落ち着かない。メニューにクイックと明記してあるだけで安心感が生まれるのも事実だ。紫芋のスープかキッシュのサラダ添えで始め、メインは黒鯛のポワレ、牛イチボのステーキなど。どの皿も付合わせに野菜がタップリ。それにパン・バターとコーヒーか紅茶。老若問わず、女性客が圧倒的多数を占める。

ナルカミ
（フランス料理）

銀座6-13-7　新保ビル B1
03-6226-2225　月休（祝日の場合は翌火曜休）　日曜は昼のみ営業

食材は申し分なし

赤と黒が基調のアジアンチックな内装はかなりのインパクト。小さな窓のセミ・オープンキッチン、その前の横並びテーブルが面白い。食材にはかなりのこだわりを見せる。10月末に訪れると北海道モノが目白押し。めぬけ・はたはた・縞そい・八角・つぶ貝に野生のきのこたちも。仔豚の盛合わせは、ほほ肉・バラ肉・腎臓に豚足。珍しい襟白鳩のベカス風（山しぎ仕立て）ローストまで登場。目と舌を楽しませていただいたが、料理に内装ほどのインパクトがない。素材の個性を活かしきってほしい。

ラ・マリー・ジェンヌ
（フランス料理）

銀座7-12-5　貝新ビル B1
03-3545-2060
日休　土祝は夜のみ営業

店は一流 客二流

適正価格のワインの品揃え、個性的なビストロ・メニュー、今まで銀座にありそうでなかったタイプの店だ。一番高いワインでポンソやデュジャックのモレ・サン・ドニ、グリフォンのジヴリー・シャンベルタンの９８００円。豚足のコロッケや仔牛のクリーム煮は気を引くだけでなく、仕上がりも上々だ。この店の難点はひとえに客層。味覚オンチのＨａｎａｋｏ族みたいな若い女性たちがひたすらしゃべくり騒ぐ。これでは一生懸命なスタッフが可哀想。ワインの空ビンを並べたカウンターはちと見苦しい。

ラ・ヴィータ・デラ・パーチェ

（イタリア料理）

銀座3-2-16
03-3563-1051
無休

主役不在のバイキング

ピッツァは二百選の実力。トマトの薄切りを並べたピッツァ・カプレーゼは軽やかにしてクリスピー。香草入り高原野菜のサラダもサイズの揃ったビブ・レタスとトマトがおいしい。ムラがあるパスタが欠点。シチリア風のいわしのスパゲッティは上手に臭みを消しているが本場風にもっとフィノッキオ（ういきょう）を効かせてほしいし、穴あき太打ちのブカティーニが本来使用されるべきパスタだ。サラダ・バー、スープ、パン、エスプレッソのランチ・バイキング（1500円）は主役不在の脇役ばかりで割高。

中華割烹 わたなべ

（ちゅうかかっぽうわたなべ）
（中国料理）

銀座3-12-5
03-5565-4688
日祝休

家庭的だが本格派

ご夫婦だろうか、2人だけの切盛り。店主が厨房担当、奥方はサービス。どう見ても中華屋さんには見えない家庭的な雰囲気の店で、靴をスリッパに履き替えてフロアへ。お昼の中華風カレーごはんはサラサラのソースがタップリめ、ごはんがとてもおいしい。光麺は醤油味の素ラーメン、具がない替わりにチンゲン菜としめじの塩味炒めがサイドに。どちらもおかずの3点セット（ピリ辛チャーシュー、セロリの胡麻油和え、豚肉唐揚げ）が付いて1000円。築地で仕入れた魚介が登場する夜に真価を発揮する。

レモングラス

（タイ料理）

銀座5-1-8　MSビル5F
03-3289-7154
日休

タイ色うすいタイ料理

チェーン展開している「ティーヌン」のほかにはこれといったタイ料理店のない銀座で、なかなかの集客力を誇る。近隣の有楽町には「可口飯店」、「チェンマイ」などタイ料理店が多いが水準が低いワリに値段が高い。この店のタイスキは２８００円、「Shall We Dance ?」コースが５０００円。ディナータイムよりも、麺類・炒飯・カレー主体のランチがお得。何種類か試してみたがタイ色は希薄。野菜ソバなど、卓上のナンプラーを使わぬと肉抜き広東麺と変わらない。せめてパクチー（香菜）くらい欲しい。

Black PEPPER NEO

（ブラック・ペッパー・ネオ）（エスニック）

銀座8-8-1　出雲ビル B1
03-3574-7730
無休

カラスの喜ぶ実物サンプル

和食・中華・東南アジアのフュージョンを謳う。メニューを見ていると何がなんだか判らずに、めまいがしてくる。「どうしてもやりたかったので生卵かけごはん」――勝手にやってなさいヨ。でもネ、この店を侮るなかれ、意外に旨し。ランチのヴェトナム・フォー（スパムおむすび付き９００円）とタイ風グリーンカレー（生春巻付き９００円）が良かった。しかし入口の実物サンプルが干からびてマズそう。汚らしくて銀座の街に似合わない。一流ホステスがスッピンで並木通りを歩くようなモンだが、そのせいか閉店。

銀座

二百選にもれた有名店

すし栄 本店

（すしえいほんてん）

銀座7-13-2
03-3541-5055
日祝休

すし屋はすしで勝負せよ！

銀座最古のすし屋さん。嘉永元年（1848年）創業。全体的にレベルは高く、二百選にあと一歩なのだが有名店につき、このコラムに収録した。百トビ一ケタ台ながら、すしはやはり銀座、こクラスの店は枚挙にいとまなく、ワリを食うカタチとなった。ひらめ・真鯛で酒を飲む。白身の二枚看板は、どちらも今一つ。にぎりは新子・みる貝・車海老・赤貝・赤身・かつお・穴子。キラリと光るものなく、総体的にいささか凡庸。懐石料理もこなすようだが、すし屋がいろいろ手を拡げるとロクなことはない。

天國 本店

（てんくにほんてん）
（天ぷら）

銀座8-9-11
03-3571-1092
無休

海老で鯛を釣る

四半世紀も前のこと。定期的に来日するドイツのクライアントとの夕食は采女《うねめ》橋のたもとにあった旧スエヒロ本店とこの店。彼らがすき焼きと天ぷらしか食べないのだ。したがって、いにしえは常連。近隣のライバル「橋善」が閉店していっそうの商売繁盛。お昼天丼（1000円内税）は海老2尾・きす・いかかき揚げ。精進丼（1600円外税）はアスパラ・なす・はす・にんじん・小海老かき揚げ。この価格設定が判らない。野菜より安い魚介を使うのかしら。それとも海老で鯛を釣る商法？

七丁目京星

（ななちょうめきょうぼし）
（天ぷら）

銀座6-4-7　ファーストビル3F
03-3572-3568
日祝休

デフレ回避に貢献すれども

所在地は6丁目なのに、屋号が七丁目とはこれいかに？　後述の「由松」が絡んだ一種のお家騒動なのだが、その顚末にはここではふれない。天つゆを出さない天ぷらはかなりのハイレベル、味も技術も二百選間違い無し。ただあまりにも高い。ワインを1本抜いたが2人で7万円を越えた。しかもカードで支払うと手数料を徴収される。うずら玉子・きす・松茸・あおりいかがことにおいしい。武蔵丸をコンパクトにしたような店主が汗っかきで、やたらにタオルを使うのも気になる。そのぶん女将さんが美しい。

由松

（よしまつ）
（天ぷら）

銀座8-2-3
03-5537-5950
日祝休

居心地悪く長居は無用

土曜の昼に2人で。おまかせ（5000円）と、にゅうめん・天ぷらのランチセット（2000円）、それにビールの小ビン2本で1万円とちょっと。天つゆなしに、うずらの玉子、小ちゃな才巻海老など、「京星」に瓜二つ。値段も値段だが天ぷらは「京星」の方が上。他の客もわれわれも、ただ一様におまかせを注文したのに出てくる天種が異なる。揚げ手の店主からは何の説明もない。もっとも彼は常連とのおしゃべりに忙しい。カウンター内の女性は女将だろうか。鋭い目付きで客を見張っていて不気味。

木挽町砂場

（こびきちょうすなば）
（そば）

銀座4-11-2
03-3541-7631
日祝休　土曜は昼のみ営業

蟹かまぼこよサヨウナラ

創業明治35年。量のあるもり（500円）は中細打ちでツルツルッと、舌ざわり・のど越しともに良し。つゆは塩辛さがとんがって、あと味悪し。名代のなぎさそば（850円）ははまぐりがいっぱい。つゆはやはりやや辛めながら、貝のエキスがあふれて旨みじゅうぶん。具のわかめはともかく、蟹かまぼこは興をそぐ。わさびも蟹もニセモノは認めたくない。おすすめはドンブリもの。かつ丼・親子丼・穴子とじ丼、それぞれにミニ丼あり。食券制はお気軽なれど、ラーメン店とは一線を画してほしい。

宮城野

（みやぎの）
（そば）

銀座4-13-13
03-3543-9637
日休

手打ちに拘る意味がない

歌舞伎座のすぐ横というロケーションがいい。女性の1人客が多いのもうなずける。自慢の手打ちそばは太め硬めの平打ち。歯ごたえ、舌ざわり、のど越しを楽しめるものの、いかんせん量が少ないから、1枚ではものたりない。そばつゆは卓上に備えつけ。珍しいスタイルだが、こいつがかなりの甘さ。そして無用の粉わさび。これでは手打ちもへったくれもあったものではない。機械打ちで結構だから、キリッとしたつゆに本わさびが欲しい。かき南蛮（1200円）は関西風に白醤油のかけつゆ。種ものはまずまず。

さか田
（さかた）
（うどん）

銀座1-5-13　仰秀ビル2Ｆ
03-3563-7400
日祝休　土曜は昼のみ営業

過大評価の讃岐うどん

この店の良さが判らぬ。ここのうどんが旨いとは思わぬ。夜に居酒屋感覚で飲み、うどんで締めるのがいいのだそうだが、昼に1回トライして夜にリピートする気にはなれなかった。讃岐ランチ（８５０円）をいただいた。好みのうどんに味噌だれの焼き豆腐、炊き込みごはん、つぼ漬たくあんに小梅。生じょうゆうどんを選んでまず一口。コシの強さは比類ない。でもただそれだけ。モチモチ感もなければ、香りも旨みもまったく感じぬ。おろしはともかく、すだちは量が足りない。冷たい麦茶はおいしかった。

おぐ羅
（おぐら）
（おでん）

銀座6-3-6　本多ビル B1
03-3574-8156
日祝休、4～9月は土曜も休業

黄門様いらっしゃい！

銀座の人気店のワースト・ワンを「バードランド」と争う。「やす幸」で何を修業したか知らないが、おでんの味は中の下。狭いカウンター内に店主を含めて6人もの男がたむろしたんでは渦巻く私語も仕方あるまい。その中の生意気そうなアンちゃんが「おでんの前に天豆行きましょう！刺身行きましょう！」――うっとうしいことこの上ない。それほど行きたきゃオメェが勝手にいけヨ！　勘定は理不尽に高いわ、並んでいても馴染みの客を割り込ませるわ、この悪店にこそ水戸光圀公にお出まし願いたい。

一平

（いっぺい）
（おでん）

銀座4-4-7
03-3567-3355
無休

とんかつまではヤリすぎだ

昭和４年創業、新橋・日本橋にも支店を持つ老舗で店構えも大きく、大宴会も可能。６名以上で料理プラス１７００円の飲み放題コースなども。お昼のおでん定食（７００円）は豆腐・がんも・すじ・さつま揚げのおでんに、小鉢の芽かぶと小女子《こおなご》、新香、味噌汁、茶めし。おでんは大根とか白滝とかリクエストすると、１品くらいは願いを叶えてくれるようだ。４品のうち、すじは旨みが完全に抜けていた。ランチはほかに刺身、天ぷら、かれいの煮付け。このへんまでは許せるが、とんかつは節操がない。

鳴門

（なると）
（ふぐ）

銀座8-10-16
03-3571-5338
4～9月は土日祝休、10～3月は日祝休

ふぐ屋で納豆は見たくない

昭和８年創業の老舗。もともと和食の店だったのが戦後ふぐ専門店となった。内装がかなりくたびれている。畳の座敷に椅子とテーブルではセンスを疑われても仕方がない。ふぐのコースのしょっぱなにスモークサーモンとは、われわれをふぐ目当ての客と知った上での狼藉か？　センスないなぁ。かなりのレベルのふぐ刺しだけは堪能した。割安の昼定食が近所のサラリーマンに人気。だけどネ、ランチにさばの味噌煮やあら大根、オマケに冷奴と納豆まで出すふぐ屋に、大枚はたいて夜行く気になれると思います？

鳥繁
（とりしげ）
（焼き鳥）

銀座6-9-15
03-3571-8372
日祝、第2・3土曜休　夜のみ営業

忘れじの鳥スープ

昭和6年に屋台で開業。そのときのオヤジさんが繁之助さんだから「鳥繁」。今や立派な自社ビルに店舗を構えるほか、のれん分けが2店。ピーク時はかなり立て混むので予約が必要。コースよりもアラカルトをおすすめしたい。飲んで食べて1人6000円見当。肝・つくね・ボンボチなど1串3〜400円。名物のドライカレーは鳥スープ付きで800円。カレーはどうということないがスープは必飲。ワリと好きな店ながら、予約料50円とか、焼酎の氷代200円とか、商いのスタイルがみみっちく二百選もれ。

バードランド
（焼き鳥）

銀座4-2-15　塚本素山ビル B1
03-5250-1081
日祝休　夜のみ営業

すし屋の値段で缶ビール

この店には行ってはいけない！　この店を推す料理人・食評論家を信用してはいけない！　たとえそれがフランス料理界の巨匠J・ロブションであってもだ。まずあまりにも高すぎる。焼き鳥屋の値段ではない。銀座の一流すし店ですら、ここより安い店がいくらでもある。そして奥久《おくく》慈《じ》しゃもとやらに鳥肉の旨みが全然感じられない。予約をしていても待たされるのはザラ。2人で3万円もボッタクッて、缶のビールとペットボトルのウーロン茶はないだろうが！　悪魔に魂を売り渡したとしか思えぬ商法だ。

懐食みちば

（かいしょくみちば）

（和食）

銀座6-9-9　かねまつビル8F
03-5537-6300
月休

割高なのは有名税？

カウンター席でお昼のもてなし膳（6300円）を。オープンキッチンの板前さんは休む間もあらばこそ、彼らの手先指先はフル稼動、押し寄せる客をさばくのに手いっぱいだ。前菜盛りの生湯葉が混ぜわさで来たので、造り（あじ・中とろ・水だこ）を本わさでお願いすると、お運びの女性は先ほどのも本わさだと主張。会話を耳にはさんでくれた目の前の板さんが即座におろしてくれて事無きをえた。手作り豆腐は青海苔のあんが塩辛い。強肴《しいざかな》の太刀魚も濃いめの味付け。総体的に割高感が残った。

金田中 庵

（かねたなか あん）

（和食）

銀座7-6-16　銀座金田中ビル2F
03-3289-8822
土日祝休

造りに対するペナルティ

料理は間違いなく二百選のレベル。はものおとし、鯛そうめんなど今も心に残っている。この名店、一応そう呼んでおこう、を外したのにはワケがある。渋谷や新宿にも支店・姉妹店を開いて、ありがたみが薄れたのと、同じビル内の姉妹店「岡半」が二百選に入選しているためだ。和食の水準の高い銀座にあっては「岡半」の牛肉のほうに価値を見出す。それについ最近「岡半」で網焼きを楽しむ前に、ここから取り寄せたひらめとまぐろ赤身の造りにマッタク魅力がなかった。そのペナルティの意味も込めてみた。

むなかた
（和食）

銀座8-6-15　三井アーバンホテル銀座 B1　03-3574-9356
無休

サービス料とは何ごとぞ

ホテル内の和食店につき、朝食も提供している。オバ様たちの間で評判の遊遊御膳（２２００円）をお願いすると、ツレの注文した松花堂（１３００円）の15分後に登場。時間がかかるワケだ、ものスゴい品数。しかし目をこらして見ると、何のこたぁない枯れ木も山の賑わい的な料理ばかり。これなら松花堂でモア・ザン・イナッフであった。ぬるいほうじ茶さえも呼ばなきゃ注いでくれないし、明らかに人手不足。ホテルだからか、これで昼から10%のサービス・チャージじゃ、客はたまりませんわ。

かなざわ
（和食）

銀座6-3-5
03-3573-3058
日祝休　土曜は夜のみ営業

夜の魅力を昼に出せ

「序曲・前奏曲はそのオペラのエッセンスである」――ある音楽評論家の言葉だ。高級料理店のランチもそうあってほしい。かなりの出費を余儀なくされる夜よりも、まずはランチで様子を見るというのは客として当然の自己防衛策なのだ。数年前からこの店の昼は海老天ぷら、さば塩焼き（ともに８４０円）の2品のみ。さばは悪くないが海老天がいけない。揚げ切り悪く、ブラックタイガーの周りのコロモがヌルッとくる。ごはんイマイチ、味噌汁はぬるい。とても夜に再訪する気になれないじゃない。

一乗寺

（いちじょうじ）
（和食）

銀座1-6-14
03-3561-6043
日祝休

何も言わないウェイター

築半世紀にならんとする日本家屋を改装して日本料理ののれんを掲げている。昼の鮪利休和え定食（1550円）には胡麻醤油で和えた大小不揃いのまぐろブツが14個。とても食べきれるものではなく、二つほど残す。それに薄味の茶碗蒸し、焼きさつま揚げ、赤だし、新香。ごはんを300円増しの深川めしにしてもらうと、あさりがこれでもかと入っていた。女性陣のサービスは丁寧だったがただ1人、終始無言の長身男性ウェイター。最初から最後まで一言も口をきかない。世の中に奇人変人はツキモノだ。

創意膳 wanofu

（そういぜん　わのふ）
（和食）

銀座1-19-10
03-3567-1880
日休　祝日は夜のみ営業

OLさんよ目を覚ませ

「wanofu」は和の風を意味するらしい。ホームページには「懐石料理の良さを取り入れた新感覚の和食が若い女性を中心に浸透してきた」とある。3800円のコース「創意膳神無月」にトライ。結果は惨澹たるもの。マッタク創意工夫のない手抜き料理のオンパレードに唖然とした。しかも女性だけのサービス陣にプロフェッショナルは皆無。一晩に最低でも2回転はさせるあざとい商法に客はせわしなく追い立てられる。女性を敵に回したくはないが、銀座のOLさん！あなたたちの目は節穴ですか？

清月堂 本店

（せいげつどうほんてん）
（和食）

銀座7-16-15
03-3541-5588
土日祝休　営業時間10時〜18時

看板に偽りあり

明治40年創業。黄味あんをこしあんで包み込んだ和菓子・おとし文でつとに有名。だが、清月弁当（１０００円）でガッカリした。サンプルを見ると、まぐろ赤身の刺身、車海老・にんじん・高野豆腐のたき合わせ、焼き帆立、かまぼこ、玉子焼きが並んでいた。しかるに実際の内容は、中とろ刺身、ししゃもフライ、竹の子とわかめのだし煮、なす塩漬。はっきり言ってヒドい。羊頭狗肉もはなはだしい。わさびは１００％粉、味噌椀は化学調味料まみれ。ＯＬ・サラリーマンで賑わうが、老舗の名が泣いている。

銀之塔

（ぎんのとう）
（洋食）

銀座4-13-6
03-3541-6395
無休

副菜みんな同じ味

洋食といってもシチューとグラタンのみ。創業半世紀にならんとする。テーブル席と小上がり併用、ちょいと変わったレトロなしつらいだ。シチューはビーフ・タン・野菜に、全部入りのミックスがオール２３００円。ソースは1種類ながらコクがあり、ライスも特筆で二百選レベル。小海老・しいたけ入りでマカロニは使わないグラタン（１８００円）が力不足。致命傷はおかず3点セットの切り干し・ひじき・ぜんまいだ。みな砂糖と化学調味料の甘ったるい同じ味付け。副菜の重要性をちっとも理解していない。

つばめグリル
銀座本店

（洋食）

銀座1-8-20
03-3561-3788
無休

外食産業のアンチノミー

さすがに洋菓子には手を出さないがハンバーグが自慢だし、「不二家」のようになっちゃうのかしら？　ファミレス化に拍車がかかり、開く支店もデパートや駅ビルばかりだ。これでは銀座に出向いたハレの日の食事には寂しい。名代のハンブルグステーキはかなりの水準。海老の春巻もおいしかった。でもネ、金儲けに走ると同時に大切な何かを失うんです。食べもの屋のチェーン展開ってトドのつまりは二律背反《アンチノミー》。自前の調理センターで解体した牛を、各店舗に配送する安全管理は評価したい。

YAMAGATA

（やまがた）
（洋食）

銀座8-5-1　プラザ G8ビル2F
03-3575-1553
土日祝休

歴史はあってもヤル気がない

すでに終っている。大正13年創業の老舗で歴史はあるがヤル気がない。2年ほど前まではよかった。チキンポトフ、白身魚のフライ、それに肝腎のライスがおいしかった。お婆さんと若い娘さんがサービス担当のころだ。去年の晩秋に訪れてビックリ。若い男女のサービスがあまりに稚拙でハートもない。誰も注意をしないから、キッチンでの料理人とのおしゃべりがフロアに筒抜けだ。ビルのオーナーで収入が安定しているせいか、惰性で料理を作っている感じ。緊張感がなくなったら客商売はオシマイですよ。

かつ銀

（かつぎん）
（とんかつ）

銀座2-14-5　第27中央ビル B1
03-3543-2485
日祝休　土曜は昼のみ営業

かつ丼はセパレート

階段を降りかけると、すでに胡麻油の香りが漂う。揚げ油にかなり配合されていそうだ。冬場のかきフライ定食（1600円）はボリュームあり。4カン付けながら、かきは2個ずつの抱き合わせ。いささか重さを感じてしまい、途中で少々飽きてくる。かきのオフ・シーズンにはかつ丼（1200円）が一番人気、俗にいうかつ煮定食が熱々で来る。サイドにはあまり相性がいいとも思えない千切りキャベツ。昼どきはかなり立て混む人気店だが、かつの肉質、赤だし、新香にやや問題があって二百選入りを見送った。

梅林

（ばいりん）
（とんかつ）

銀座7-8-1
03-3571-0350
無休

銀座の奇蹟

銀座のとんかつ屋としては最古参。「銀座の奇蹟」だ。よくもこの味で、あのサービスで生き残れたものだ。週末の夜にミックス定食（1600円）を。海老フライ・ひれかつ・肉団子の盛合わせは、海老に力なく、ひれかつの後味悪く、団子はしょうがの匂いがキツい。つい先日はランチにカツ玉ライス（900円）。これも豚肉がマズい上、スジ切りが不十分。さらに料理人・サービス係のシレッと冷たい対応はどうしたことか。性格が悪いのか、労働環境が劣悪なのか、そのどちらか、あるいは両方だろう。

みそかつ
矢場とん
東京銀座店

(みそかつやばとんとうきょうぎんざてん)
(とんかつ)

銀座4-10-14
03-3546-8810
いまのところ無休

景色がサムい みそかつ丼

04年3月8日にオープンしたばかり。未だ銀座では無名ながら、地元名古屋の有名店なので取上げた。昭和22年創業、現在の本店所在地は中区の矢場町。オーソドックスに名代のみそかつ丼(1150円)をお願いする。中ぶりのドンブリには八丁味噌のたれをからめたロースカツが5切れ、あとはごはんのみ。それにわかめの味噌汁ときざんだ市販のしば漬。なんかやたらと殺風景なのよネ。カツはそれなりにおいしいが厚みに乏しく、やや割高感がある。名古屋名物、海老ふりゃあもあるでよ。

秩父錦

(ちちぶにしき)
(居酒屋)

銀座2-13-14
03-3541-4777
日祝休 夜のみ営業

つまみの要らぬ人におすすめ

この店はいきなりスタスタ入っちゃダメ。まずは道の反対側の、すし屋の「マルイ」の前から、威容を誇るそのファサードをじゅうぶんに目に焼き付けて、おもむろにのれんをくぐる。これで酒が格段に旨くなること請合い。30年ほど前は渡辺氷室という氷屋さんだった。その名残が店のここかしこ。秩父錦の蔵元直営だから酒は旨い。寒造りを常温でやるも良し、辛口を燗でやるも良し。問題は冴えない酒肴。川海老唐揚げ・牛もつ煮込み、ともにイマイチ。紙かつなどコロモを食べてるようなものだ。

夢酒みずき

（むっしゅみずき）
（居酒屋）

銀座6-7-6　ラペビル B1
03-5537-1888
無休　夜のみ営業

クーポンの罠

つまらない店になった、というよりヒドい店になったというべきか。淡路町時代から割高だったが、料理はマシだった。今は何を食べてもマズい。三崎のまぐろ赤身刺し（１２００円）はスジッぽい。蟹入り湯葉しゅうまい（９８０円）は蟹カマボコしゅうまいと改名すべし。新筍とわかさぎの香り揚げ（９００円）は油が劣化して、これでは臭み揚げだ。客層はダマされやすい若いカップルとグループばかり。ぐるなびクーポンの２０００円ＯＦＦなど、愚にもつかぬ先付け（９００円）ですぐ取返されちゃうヨ。

有薫酒蔵

（ゆうくんさかぐら）
（酒亭）

銀座2-2-18　西欧ビル B1
03-3561-6672
日祝休　土曜昼のみ営業

ムダにしちゃった30分

玄界灘・有明海の海の幸を味わえる店。80年代初めに訪れたから、銀座でもかなりの古株だ。評判のがめ煮・辛子蓮根のほかに、むつごろう・わけのしんのす（イソギンチャク）などの珍味も。より居心地のいい八重洲店におジャマすることが多いが、銀座本店のランチを試しておかねば。はたしてこのせいで二百選からすべり落ちた。食券制にシラケながらも30分待ったが、待ちモノ来たらず。あちこちで催促の声が上がる。勘定の取りっぱぐれを心配するよりも、誠実なサービスを第一に心がけるべし。

味助

（あじすけ）
（ラーメン）

銀座3-14-7
03-3541-2220
土日祝休

生きる道はとんかつ屋

「萬福」、「共楽」と並ぶ銀座の中華そばの老舗御三家。およそ20年ぶりにおジャマしたのは00年10月。味助弁当（1150円）をいただいた。懐かしのシューマイはモコモコと食感悪くちょっとガッカリ。それを補ったのがカラリと揚がって豚肉の旨み凝縮のヒレカツ。化学調味料まみれのしじみ味噌汁、良く冷えた麦茶、なんともちぐはぐだ。2年後のワンタンメン（840円）でもうダメ。湯がぬるいために失敗しちゃったカップ麺の如し。ワンタンもシナチクも崩れ。そのせいか出版直後に閉店。

ル・ジャルダン・デ・サヴール

（フランス料理）

銀座6-16-11
03-3542-2200
日休

山うずらから散弾3発

4年前、まだ南青山にあった頃に訪れた。サフラン風味のしじみのスープに浸ったズッキーニのラヴィオリ、バジルとにんにくのソースのすずきのポワレ、ともによかった。銀座に移転したと聞いて赴く。オープンキッチンではシェフが孤軍奮闘かつ悪戦苦闘。イラついてるのが客に伝わってしまう。言葉使いも荒い。野うさぎのロワイヤル、ペルドロー（山うずら）のローストなどを。そのペルドローからは散弾が3発も出て来た。そのせいでもあるまいが、料理もずいぶんと粗野になっておいしくなくなった。

銀座 木村家

（ぎんざきむらや）
（フランス料理）

銀座4-5-7-4F
03-3561-0091
無休

時代おくれの穴場

あんぱんで有名な木村屋総本店の4階にある仏料理店。パンは木村屋なのに、2階のカフェ、3階のグリルとこの4階は木村家ということらしい。落ち着いた雰囲気のコンパクトな店でロマンチックな窓際はカップルにとって、ちょっとした穴場だ。予約の際に指定したい。ウイーク・ポイントは料理。退屈なメニューからは料理人の意欲が全く伝わってこない。かきのグラタンは凡庸。仔牛のフランベは実際は若牛で、看板に偽りあり。ブイヤベースの具は冴えないがサフラン香るスープはおいしかった。

ラ・ベットラ・ダ・オチアイ

（イタリア料理）

銀座1-21-2
03-3567-5656
日、第1・3月休

料理は味がイノチです

00年11月1日に初見参。この予約を取ったのが99年の5月。松本清張の推理小説に『1年半待て』というのがあるが、ホントに1年半待たされた。海の幸のサラダ、牛ほほ肉のリガトーニ、サンピエトロ（的鯛）のムニエル、仔牛のピッツァ職人風をいただいた。ワインも含めてコスト・パフォーマンスは高い。問題は何を食べてもイマイチの味に尽きる。食材の質、ソースのキレ味、不満だ。女性たちの歓声だけが店内に空しく響く。姉妹店「ラ・ベットラ・ビス」でも合格点は手打ちタリオリーニのボロニェーゼのみ。

サバティーニ・ディ・フィレンツェ
（イタリア料理）

銀座5-3-1　ソニービル7F
03-3573-0013
無休

本店支店共倒れ

18年前にフィレンツェの本店で食べた本場のTボーン・ステーキは肉が硬く、塩気もキツかった。

20世紀末の銀座店では、からすみのフェデリーニ（細打ちスパゲッティ）、すずきの網焼きがおいしかった。しかしそれも直近の再訪で評価を落とす。海の幸のサラダは魚介類はそこそこでもトマトがボケボケ。白トリュフの香る仔牛のスカロッパは肉質悪くて塩辛い。まさに本店の悪夢がよみがえる。ワインも料理も高い上に、サービス料15%はイタリア人のカメリエーレ（給仕係）が多いせい？

エム・ディ・ピュー
（イタリア料理）

銀座1-4-9　第1田村ビル B1
03-3561-3317
月、第2日曜休

当てただけのバッティング

ホテル西洋のイタリアン「アトーレ」の開店以来、ずっと厨房に立ち続けたM井氏が独立し、鳴り物入りでオープンした。従ってすでにマスコミへの露出度は高い。しかしどうしたことだろう、どの料理も冴えない。味付け・香り付けに踏込みがたりない。野球で言うと、腰が引けて、当てただけのバッティング。どの皿にも意味の無い生トマトを散らして余計に味をボケさせる。自家製のタリオリーニなど歯ざわり悪く、市販の乾麺のほうがずっといい。喜んでいるのはテレビ・雑誌をご覧になったお嬢さんたちのみ。

スケベニンゲン

（イタリア料理）

銀座3-7-13　成田屋ビル B1
03-3567-5346
日休

悪魔のような天使の髪

奇妙な店名はオーナーが訪れたオランダのリゾート地に由来する。名物が二つあって、まずフリッタータ（900円）。ミートソースと玉子入りの焼きうどん風スパゲッティがオムレツ状で現れる。中華の焼きそばほどの完成度はないが、これはまだ許せる。ヒドいのは店名そのままのスケベニンゲン（1000円）。細打ちパスタのカッペリーニ（エンジェル・ヘア）が白ワインのスープに浸っているが、酒精分を飛ばしてないから、とても食べられたものではない。平成15年度のワースト・ワンは間違いなくこれ。

銀座アスター本店

（中国料理）

銀座1-8-16
03-3563-1011
無休

どこかお味が今一つ

関東地方を中心にチェーン展開している「銀座アスター」の総本山。誰しも1度はデカ丸い肉団子や回鍋肉風味のアスター麺を食べているのではなかろうか。乾貨（あわび・なまこなど魚介の乾物）の広東風スープ煮、北京ダックと仔羊饅頭、甘鯛の清蒸などはそれなりの値段でかなりのレベルに達しているが、ややデリカシーに欠ける。ゴージャスな雰囲気の中、銀座通りを見下ろしての食事は快適。ただ、シーフードいっぱいの海鮮炒麺（1800円）も海老タップリの六珍焼売（600円）も何かものたりない。

中華 第一樓

（ちゅうかだいいちろう）

（中国料理）

銀座2-6-5　越後屋ビル B1
03-3564-0044
無休

麺類以外はドンタッチ

明治34年、中国人留学生の集まる神田神保町で開業、若き日の周恩来もここで空腹を満たしている。

銀座に移転したのは戦後だ。冷えたステンレス・プレートに盛られた五錦涼麺（1800円）がイチ推し。チャーシュー麺（1000円）もアッサリとおいしい。問題は値付け。満足感に乏しいコース料理は割高だし、一品料理はもっとヒドい。なにせ空芯菜《くうしんさい》の塩味炒めが2700円。税サ込みだと3000円以上だ。たかが菜っ葉を炒めただけですよ。この店では脇目もふらずにおそばツルツル、それしかない。

羽衣

（はごろも）

（中国料理）

銀座7-12-14　大栄会館 B1
03-3542-5294
日祝休

羽衣に包まれて

包子や餃子の皮を天女のまとう羽衣に見立ててのネイミング。この店ではそのハゴロモモノを楽しむのが大正解。羽衣湯包子（700円）は他店で言うところの小籠包子、玉ねぎのサクサクとした食感が快い。焼き餃子（600円）も肉汁いっぱい。弱点は一品料理。全体に大ざっぱで油がしつこい。醤油味のつゆそばとチャーシュー・シナチクなどの具が別盛りでくる羽衣麺（800円）はまずまず。太めの平打ち麺を使う五目焼きそば（900円）をおいしいとは思わぬが、香りに懐かしさを覚えた。

キハチ・チャイナ

（中国料理）

銀座3-7-1
03-5524-0761
無休

お願いしますよ喜八つぁん

無国籍に始まり中華だイタリアンだ、はては揚げパンからソフトクリームまでこなす熊さん、あるいは喜八つぁんだが、さすがにすべてが成功しているとは思えない。いえ、ビジネスのことではなく料理のことだ。コンセプトは創作中華というこらしいが、まともな料理の域に達していない。中国四千年の歴史をオチョクッてはいけない。季節の5種前菜は、みな間の抜けた味付け。牛カルビのとろとろ煮は文字通りトロい味。海の香りたっぷりチャーハンはちっとも香りませんでした。

エスペロ 本店

（スペイン料理）

銀座5-6-10　エスペロビル B1
03-3573-5071
無休

もんごいかに文句あり

5年近くも間が開いたら正当な評価は下せまいと日曜のランチの予約を入れる。3500円以上のコース料理を注文しないと電話予約を受け付けない。悪徳にしてあざとい商法。流れ作業のやっつけ仕事の中で、まずまずだったのはスペイン風オムレツだけ。魚介のパエジャは食材のレベルを極端に落としている。有頭海老・小海老・ムール貝・あさり・白身魚、質・鮮度ともにロクなものではない。極め付きはもんごいかのサイの目だ。こんなパエジャで優勝できるコンクールなど眉つばもいいところだ。

マルディ・グラ

（無国籍料理）

銀座8-6-19　野田屋ビル B1
03-5568-0222
日休　夜のみ営業

アイデアだけで実がない

「グレープ・ガンボ」から独立したオーナーシェフの店なのだが、どうしたことかレベル・ダウンしている。香菜の爆弾など同一メニューも健在ながら、スペイン風おつまみ盛合わせのピンチョス（１３００円）が退屈。ラムのミートボールの中心にしのばせたマカデミアナッツの意図が判らない。あいなめのローストに添える刻みトマトは無意味。かと思えばブラックチキンの炭火焼きにはガルニ無し。思いつきで作った素人料理ばかりという印象。テーブル同士の間隔が狭く、居心地もよろしくない。

アクアフレスカ

（無国籍料理）

銀座5-4-15　西五ビル7F
03-3289-0338
日祝休　夜のみ営業

客よりエラい店の人

てっきりイタリア料理の店だと思っていたら、むしろ和食に近い。パスタの替わりに稲庭うどんのジャージャー麺風が出た。再訪したくはないが全体的に料理は悪くない。この店の問題は別のところにある。電話予約の際の対応が不愉快極まりない。同じテーブルでは全員同じコースを食え！　携帯でなく固定電話の番号を教えろ！　前日までにリコンファームの電話を入れろ！　わが耳を疑ったのは「当日キャンセルしたら料理代を徴収します！」の一言。日本語並びに接客マナーを一から勉強し直し給え。

鹿乃子

（かのこ）
（甘味喫茶）

銀座5-7-19
03-3572-0013
無休

百円引きはおためごかし

土曜の昼に食べてみた鹿乃子弁当（1640円）は、かまぼこ・煮もの・玉子焼きなどのおかずに、茶そば・赤飯・季節のおこわからのチョイス。おこわにしたが、まことに低レベルの弁当だ。しかもこの値段なら「立田野」の玉子丼、「とらや」の赤飯のほうがはるかに魅力的。食後にあんみつ（1230円）なんぞ頼もうものならずいぶん高価なランチになってしまう。2品注文すると100円割引きはあるけれど、食事した客には小ぶりのあんみつを500円くらいで出すのがスジだ。おためごかしもいいところ。

マリアージュ・フレール 銀座本店

（カフェ）

銀座5-6-6
03-3572-1854
無休

食べてはいけない

パリからやって来た紅茶の老舗。その品揃えは圧倒的で、どの紅茶も香り高くケーキ類もなかなか。でもいいのはここまでで、お茶とお菓子にとどめておくべきだ。ランチ・ティー（2200円）はサラダかスープ、一品料理とロールに紅茶が付く。サーモン・マリネもトマトとにんじんのスープもイマイチ。主菜のほうぼうのポワレ、タンドーリ風伊達鶏ともにパンチ不足のソースのせいで味にメリハリがなく、しかもぬるい。コロニアル風の店内では麻のスーツのギャルソンがかいがいしい。

銀座

こんなときにはこの一軒

タイガー食堂

銀座1-15-12
03-3561-1871
土日祝休

女はいない男の世界

ガラスの引き戸を引いて一歩踏み入れると、「ここはどこ？」——の世界がアナタを包み込む。

昭和39年創業、こんな店がまだ銀座に残っていようとは。昔の大衆食堂が恋しくなったら脇目もふらずにまっすぐこの店へ。さんま・さばの塩焼きやコロッケの定食、カツカレーはみな750円。ある日のランチ（680円）はアジフライ・ハムカツ・カレーシチューに豚汁。ぜいたくな給食の景色だ。12時近くになると老若を問わず、近所のサラリーマンでいっぱい。女は1人もいない男の世界がここにある。

こじま屋

（馬肉）

銀座5-4-15　エフローレビル2F
03-3569-2911
日祝休　夜のみ営業

下町に行かずとも

渋谷の「はち賀」が閉店したので、馬肉専門店というと吉原か森下に出向くこととなる。普通は馬刺しと桜鍋だが珍しくもこの店は馬焼きがメインだ。刺身も霜降り・タン・レバー・たてがみと4種類も揃う。まずはネットリとしたレバ刺し（800円）を楽しみ、馬焼きは上ヒモ肉（ハラミ）・上カルビ・ホルモンを。どの部位もだいたい1400円から1800円。熊本産の馬肉は質も鮮度も文句なし。ホルモンのみ硬くて少々食べづらい。焼肉は飽きた、焼き鳥ではものたりない、そんなカップル向き。

ラムしゃぶ 金の目

（らむしゃぶきんのめ）
（羊肉）

銀座8-3-12　第2コラムビル3F
03-5568-8058
日祝休　15時より営業

生でもイケる仔羊肉

仔羊肉のしゃぶしゃぶ、いわゆるラムしゃぶの専門店。カップル向きだが、仲間とワイワイ飲みかつ、しっかり肉を食いダメしたいときに最適。それなら焼肉でいいじゃないかと言うなかれ。余計な脂は落ちるし、野菜もタップリ、ずっと健康的だ。第一、生でも食べられる新鮮なラム肉なんぞ滅多にお目にかかれない。ホームページで割引きクーポンを取得すると３７００円の食べ放題が３０００円になる。とびきりおいしいものではないが、たまに目先を変えるのも一興。中高年より若者におすすめ。

旬菜 かつら亭

（しゅんさいかつらてい）
（和食）

銀座3-12-1
03-3545-8778
日祝第3土休

吉備名物のくさぎ菜飯

女性同士のランチにうってつけ。男性が行って悪いことはないが、店の品書きや雰囲気がそんな感じなのだ。岡山吉備高原の郷土食、鯛とくさぎ菜のかけ汁ご飯というのに魅かれて入店。ドンブリに盛られたコシヒカリの上にはほぐした焼き鯛・くさぎ菜・きんぴら・みつば。薄めのうどんだしのようなかけ汁は別の容器に。切干し大根と、どういうワケか本日の日替わり膳の豚ロース生姜焼きが２切れも付いた。刺身膳・焼き魚膳などランチメニューはすべて税サ込みで千円札１枚。男性客がつかなかったせいか閉店。

ゆんたく
（沖縄料理）

銀座6-9-13　第1ポールスタービル6F
03-5537-0136
日祝休

ランチもたまには変化球

居酒屋風になる夜に出掛け、ラフテーやグルクンの唐揚げを肴にオリオンビール・泡盛・古酒を酌み交わすのもいいが、ランチタイムも目先が変わって楽しい。定食はみな800円。沖縄そばはスープあっさり。いつまでたってもノビない麺が頼もしい。スパム（ランチョンミート）と玉子のおにぎり付き。ゴーヤチャンプルにはもずく・ミニ沖縄そば・サラダ・ごはん。歯ざわりのいいもずくはうれしいが、ごはんがヤケに柔らかい。白飯とお粥の中間といった塩梅で、沖縄の人はこういうのを好むのかしら。

SHIZU
（しず）
（定食）

銀座5-2-1　銀座東芝ビル B1
03-3571-8393
祝休　土日は昼のみ営業

女性も1人で気軽にどうぞ

数寄屋橋の東芝ビルの地下。はす向かいには同業の「きっど」がある。味も客足も先輩格の「きっど」にはまだ及ばない。好きな小鉢を3品選べる小鉢定食（930円）のラインナップなど、両店ともにソックリだが、その味に微妙な差が生じている。ともかくも銀座にあって、カウンター割烹式の手軽な定食屋さんはとても貴重だ。焼き魚定食（960円）、豚生姜焼き定食（880円）などに加えて、豊富なサイドオーダーから1品付けると栄養価も完璧。女性1人でも気軽に入れて、気兼ねがいらない。

れすとらん
はと屋
（洋食）

銀座8-5　銀座ナイン2　B1
03-3572-1928
日休　祝日は17時閉店

ライス味噌汁に難あり

昭和37年創業。正統派にして大衆的な洋食屋さん。豊富なメニューからかきフライとナポリタンのセット（950円）を。4カン付けのかきはサクッと揚がって塩気もほど良い。ナポリはケチャップとドミグラが半々カンジの味付け。これに半盛りライス・味噌汁と、12時前に入店すればサービスのゆで玉子。柔らかいライスが欠点で味噌汁のわかめも温め直しで色変わり。Bランチ（900円）は海老・かき・いか・鮭のフライにクリームコロッケとミニハンバーグ。かなりの充実感だが、やはりライスが。

ジャポネ
（スパゲッティ）

銀座1-2　銀座インズ3
03-3567-4749
日祝休　土曜昼のみ営業

♪あの日に帰りたい♪

ユニーク極まりない。こんな店が銀座のあちこちにあったらゾッとするが1軒だからこそ、レゾン・デートル（存在理由）がクッキリと浮かび上がる。中学・高校時代、部活に明け暮れていたあの頃、いくらでも食えた、何を食っても旨かった。でも金が無かった懐かしいあの時代。この店はタイム・マシーンなのだ。あの味・あの量・あの安さ。スパゲッティ・ジャポネ（醤油味）、ナポリタン、インディアン（カレー味）、何を食っても腹一杯の一律500円。いつ行ってもガッツリ食いたいオトコどもばかり。

升本

（ますもと）
（居酒屋）

銀座1-4-7
03-3561-3086
土日祝休

冷や酒を厚揚げで

虎ノ門の有名な大衆酒場「升本」とは親戚筋だが経営は別のようだ。こちらは嬌声とは無縁、小さな街の居酒屋さんといった風情だ。しょうがとおろしで食べる厚揚げ焼き（４００円）、酢の効いた〆めさば（４８０円）あたりを取り、１人静かに冷や酒を楽しみたいときにどうぞ。ぶり刺しを気張っても６００円という安さだ。あじフライ・串かつ（ともに４５０円）、にら玉子とじ鍋（５００円）などの一品料理が昼どきには２００円増しで定食に早変わり。サラリーマン向けのしっかりランチである。

Favori

（ファヴォリ）
（ベルギー・パブ）

銀座2-10-5
03-6226-6117
第1日曜休　夜のみ営業

食後のビールはさくらんぼ

２００３年２月にオープンしたベルギービールとベルギー料理の専門店。渋谷の「Belgo」、新宿の「Frigo」とは姉妹店。初心者はヒューガルテン・ホワイトの生（３７０mlで８００円）をすすめられる。麦芽は大麦を使うが小麦が原料の白ビールだ。つまみにはお馴染みのフリッツやピクルスを。名物のムール貝のワイン蒸しは期間限定。かきの旬の真冬に品質が不安定になってお休みというのだから面白い。さくらんぼのビールは食後酒としてもイケる。ビール大手３社の系列店に飽きたときにぜひ。

シャンパンバー

銀座8-10-8　8丁目10番ビル B1
03-3575-0104
日祝休　夜のみ営業

世界に一つだけの店

シャンパンを愛する方には垂涎のスポット。品揃えすさまじく、350種にならんとするストックゆえにギネス・ブックにも登録されている。同じビルに入居する「ワインケラー・サワ」（ドイツワイン専門店）ともども仏伊の赤ワイン全盛時代にあって、経営はラクではないハズだ。店の火を消さないためにも愛好者よ集まれ！オムレツ、舌平目のクリーム煮などのフードメニューも充実。ブリニを添えたキャヴィアは5400円と値が張るがセヴルーガからオセトラに1ランク・アップして値段は据え置き。

銀座百番

（ぎんざひゃくばん）
（ラーメン）

銀座4-4-1
03-3564-1963
土日祝休　昼のみ営業

路地裏の銀座名物

路地裏にひっそり。現在一時閉店中の「Ｌｅとよだ」のお隣りだ。看板には銀座名物ハンチャンラーメンとある。カウンター4席、テーブルが8席の小さな店で、くだんの名物は800円。ラーメンとカレーラーメンが600円。チャーシューメン・チャーハン・カレーライスが700円で、メニューはそれだけ。味のほうはそこそこながら麺もライスも柔らかめだから、お年寄りにおすすめしたい。卓上のきゅうりとかぶの新香、桜大根、ゆがいたもやしも喜ばれそう。銀座にもこんなお店があったのだ。

ビストロ・ヴォージュ

（フランス料理）

銀座6-4-16　花椿ビル2F
03-3574-2075　日祝、第2土曜休
土曜は昼のみ営業

穴場のハズがいつも満席

穴場中の穴場——のハズなのに客はよく入っている。廉価なワインも揃っているし、ボリューム満点の料理も価格抑えめだから、1人5000円ほどでじゅうぶん満足できる。銀座のビストロとしては貴重な1軒。客自身が割って食べるマカデミアナッツ（1粒30円）が笑わせてくれる。ブルーチーズのペンネ（1200円）、仔羊もも肉のロースト（1000円）などワインの友にもってこい。特に仔羊はビックリするくらいの量だ。日替わりランチ（1000円）はいなだ（天然はまち）の香草風味焼きなど。

ビストロ・カシュカシュ

（フランス料理）

銀座8-6-19
03-3573-0488
日祝休　土曜は夜のみ営業

千円札1枚のランチ

やはり平日のランチがお値打ちかな。それもデジュネA（1000円）がいい。前菜・主菜の2プレートで、ある日は、野菜マリネの半熟玉子添え or にんじんのポタージュ、そして魚介のパイ包み焼き or 牛もも肉のステーキ。これにバゲット&バター。B（1500円）はAにデセールとコーヒーが付く。C（2500円）がスペシャルと銘打って、自家製厚切りロースハムのサラダ添え、ひらめのポワレ・サフラン風味のナージュ仕立てだったが、ひらめが作り置きの温め直しでは特製ならぬ、特落ちだろう。

ローレライ

（ドイツ料理）

銀座5-1-16　西銀座ビル B1
03-3571-5403
日、月曜の祝日休　夜のみ営業

日付変われどやまぬ歌声

ドイツ風ビアホールと呼ぶには小ぢんまりとした店ながら、とにかく楽しい。音楽好き、歌好きと言うか、単なるマイク・ハナサーズだね彼らは！　まっ、そんな気のいい常連が参集して、盛上がったらサァ大変、歌声は延々と続いて枯れることを知らない。そのぶん料理はイマイチで、ソーセージは悪くないがフライドチキンは胸がヤケた。ピッツァ、アイスヴァインはこんなものでしょう。ドイツ名物、酸っぱいキャベツのザウアークラウトに定番のキャラウェイでなく、よりエスニックなクミンを使うのが珍しい。

にしむら

（お好み焼き）

銀座8-4-7
03-5568-0432
無休　土日祝は夜のみ営業

穴場のランチに穴はなし

日航ホテルの裏側の個性的にして家庭的な店。学校が休みの日の昼どきには小学生の女の子がお運びを手伝ったりもする。ランチはお好み焼き・オムそば・五目焼きそば・日替わり定食がオール１０００円。ごはんとしじみの味噌汁はお替わり自由。菜花のおひたし、きゅうりとかぶのぬか漬、コーヒーまで付いた。お好み焼きをおかずにごはんを食べるのは苦手だが目玉焼き付きの焼きそばならＯＫだ。小鉢も味噌汁もみなおいしくランチの穴場。夜ともなれば刺身や煮付けで一杯やる同伴カップルも多い。

GINZA CURRY HOUSE 1/3

(ギンザ カレー ハウス サンブンノイチ)
(カレーライス)

銀座3-13-17
03-3549-0013
土日祝休

乙女よ大志を抱け！

00年12月に食べたビーフカレーはすね肉がゴロゴロ入り、スパイスの香りが立って、ライスも上々、高得点をマーク。しかし04年2月の野菜カレーにはガッカリした。辛口のハズが前回よりずっと甘い。女性ばかり4人もいるのにカレーソースが1種類だけでは面白くも何ともない。夜にはお酒をとすすめておきながらアルコール類と酒肴の品揃えがあまりにも貧弱。いつまでたってもOL上がりの素人仕事の域を出ない。一段上を目指して奮起してほしい。

ガールズ・ビー・アンビシャス！

樹の花

(きのはな)
(喫茶)

銀座4-13-1-2F
03-3543-5280
土日祝休

ジョンとヨーコがひと休み

炭火焼きハンバーグとステーキの店「タバーンChaco」の2階。ボリュームはものたりないが香り高いカレーが食べられる。おいしいものを軽く食べたいときに最適だ。豆のカレー（800円）には緑のグリーン・ピーと黄色のイエロー・スプリット・ピーの2種類のえんどう豆を使用。キーマカレー（1000円）は鶏もも肉の挽き肉だ。どちらもナンかターメリック・ライスのチョイス。カレーを注文すると飲みものが250円引き。レノン&ヨーコがフラッと立ち寄った店には2人の色紙が飾られている。

索引

(50音順)
＊地域別（1〜8丁目）については綴じ込み地図をご参照ください。

◎名店二百選
○二百選にあと一歩の優良店
●二百選にもれた有名店
▲こんなときにはこの一軒

あ

◎ A Votre Sante Endo（無国籍料理） 195
◎青木（すし） 48
●アクアフレスカ（無国籍料理） 238
◎あさぎ（天ぷら） 66
◎旭川すし久（すし） 29
◎あさみ（和食） 103
●味助（ラーメン） 232
◎アトーレ（イタリア料理） 170
◎ ad Lib（無国籍料理） 195
◎アムルーズ（ワインバー） 139
◎アルペッジォ（フランス料理） 151
◎アンリ・シャルパンティエ銀座本店（カフェ） 200

い

◎いけたに（そば） 71
◎勇（ラーメン） 144
◎ ISHIDA（フランス料理） 152
◎維新號本店（中国料理） 178
○磯むら本店（串揚げ） 210
●一乗寺（和食） 226
◎出井（和食） 109
◎一休庵（天ぷら） 64
●一平（おでん） 222
◎いまむら（和食） 101
◎甍（和食） 98
◎いわ井（天ぷら） 62
◎いわしや（和食） 113

う

○ヴァンピックル（ワインバー） 212
◎ VISIONARY（フランス料理） 167
◎ウエスト本店(喫茶) 206
▲ヴォージュ（フランス料理） 247
○ヴォーヌ・ロマネ（フランス料理） 213
◎魚がし耕ちゃん（和食） 115
◎卯波（和食） 108
◎梅乃寿司（すし） 52

え

◎榮庵（洋食） 125
◎瑛舎夢（欧風インド料理） 190
●エスペロ本店（スペイン料理） 237
◎江戸源（鍋・おでん） 77
◎エノテーカ・ピンキオーリ（イタリア料理） 172
●エム・ディ・ピュー（イタリア料理） 234

お

◎OJI SALMON GINZA DELI（軽食） 204
◎大坪（天ぷら） 65
◎大羽（和食） 112
◎大山（洋食） 120
◎おかげさん（ラーメン） 144
◎岡半本店（牛肉） 86
●おぐ羅（おでん） 221
◎オザミ・デ・ヴァン（フランス料理） 160
◎オストラル（フランス料理） 149
◎お多幸八丁目店（おでん） 81

2004年7月 5 日　第 1 刷発行
2007年7月10日　第 3 刷発行

J.C. オカザワの

銀座《ぎんざ》を食《た》べる

銀座の名店二百選

著　者　J.C. オカザワ
発行者　株式会社　晶 文 社
〒101-0021　東京都千代田区外神田2-1-12
電話（03）3255-4501
URL　http://www.shobunsha.co.jp

編集：アイランズセカンド
DTP＆本文・口絵デザイン：木下　弥
装丁：坂川栄治+藤田知子（坂川事務所）
印刷：ダイトー　　製本：三高堂製本